FACULTÉ DE DROIT DE PARIS.

THÈSE

POUR

LE DOCTORAT

SOUTENUE

par

Jules BOULLAIRE,

AVOCAT.

PARIS,
CHARLES DE MOURGUES FRÈRES, SUCCESSEURS DE VINCHON,
Imprimeurs-Éditeurs de la Faculté de Droit de Paris,
RUE JEAN-JACQUES-ROUSSEAU, 8.

1861.

FACULTÉ DE DROIT DE PARIS.

THÈSE

POUR LE DOCTORAT.

ÉTUDE DES LOIS JULIA ET PAPIA POPPÆA
EN DROIT ROMAIN.

SITUATION LÉGALE DES COMMUNAUTÉS RELIGIEUSES
EN DROIT FRANÇAIS.

L'acte public sera soutenu, le mercredi 15 janvier 1862, à deux heures,

Par Jules BOULLAIRE, né à Châlons-sur-Marne,
AVOCAT A LA COUR IMPÉRIALE DE PARIS.

Président, **M. BUGNET**, Professeur.

Suffragants : **MM. PELLAT**, **BONNIER**, **DE VALROGER**, Professeurs. **VERNET**, Agrégé.

Le Candidat répondra aux questions qui lui seront faites sur les autres matières de l'enseignement.

PARIS,
CHARLES DE MOURGUES FRÈRES, SUCCESSEURS DE VINCHON,
IMPRIMEURS-ÉDITEURS DE LA FACULTÉ DE DROIT DE PARIS,
Rue J.-J. Rousseau, 8.

7535 1862.

A M. ALEXANDRE SENART,

Substitut du Procureur impérial près le Tribunal de 1re Instance de la Seine,

Témoignage de reconnaissance.

DROIT ROMAIN.

ÉTUDE DES LOIS JULIA ET PAPIA POPPÆA

EN DROIT ROMAIN.

> Il ne faut pas faire par les lois ce qu'on peut faire par les mœurs.
>
> (MONTESQUIEU, *Pensées diverses*.)

CHAPITRE Ier.

HISTORIQUE DE CES LOIS.

Il parut à Rome, sous le règne d'Auguste, un ensemble de lois qui tinrent une place considérable dans l'histoire des institutions romaines, et qu'on désigne souvent sous le nom de *Lois caducaires*. Cette législation, dont les deux principaux monuments sont la loi Julia et la loi Papia Poppæa, poursuivait un but étrange : elle voulait contraindre les citoyens au mariage en punissant le célibat, encourager de toute manière la paternité en frappant de déchéance les époux dont l'union était inféconde, et subsidiairement enfin enrichir le Trésor public (1).

Des circonstances toutes spéciales avaient amené l'établissement de ces lois énergiques. Auguste, resté maître de l'empire après la bataille d'Actium (an 31 avant J.-C.), avait trouvé la société romaine dans une situation déplorable. Rome et l'Italie, désolées depuis soixante ans par les guerres civiles, étaient dépeuplées et manquaient de citoyens. La lutte de César et de Pompée seule en avait exterminé 700,000. César, vainqueur, en avait déporté 80,000 dans les colonies maritimes, et dans un recensement qu'il avait fait, il avait trouvé le nombre des habitants de Rome réduit de 450,000 à moins de 150,000 (2). La rivalité d'Octave et d'Antoine n'avait pas été moins féconde en ruines, et les proscriptions, ces massacres juridiques exercés par l'un et l'autre parti tour à tour vainqueurs, avaient atteint toutes les familles illustres du sénat et de la noblesse, et en avaient comme tari la source. Dans l'Italie, des cités entières avaient été dépouillées en bloc de leur territoire, attribué en récompense aux soldats (Virgile, *églogue* 1). Il ne restait à Rome que des affranchis ou des hommes de fortune, venus de tous les pays pour y cacher leur origine suspecte et leur ambition peu scupuleuse. Le nombre de ces gens déclassés devait grossir encore sous l'empire, et ils allaient bientôt former cette plèbe redoutable dont les

(1) Tacite, *Annales*, III, 25. «...Incitandis cælibum pœnis et augendo ærario...»

(2) Suétone, *Jul. Cæs.*, 42. — Plutarque, *In Cæs.* — Appien, *De Bell. civ.*, lib. 2.

caprices si longtemps firent et défirent les empereurs. Ceux-ci leur donnaient en échange du pain et des jeux.

Au lieu de chercher un remède à ce mal, il semble qu'Auguste aurait dû voir dans cette dégradation de la race romaine un moyen plus facile d'établir l'autorité absolue à laquelle il visait. Peut-être, comme on l'a prétendu, ses projets de despotisme héréditaire n'étaient-ils pas encore bien affermis. Quoi qu'il en soit, il crut pouvoir, par des lois de contrainte, arrêter cette dépopulation. Mais les guerres civiles n'en étaient pas la seule cause; un autre mal rongeait Rome, et celui-là était incurable : c'était la corruption des mœurs.

Depuis que la domination romaine, débordant de l'Italie, s'était étendue sur les riches provinces de l'Asie et de la Grèce, un immense désir de jouissances et un luxe effréné s'étaient emparés de Rome. La cupidité, cette passion dominante du caractère romain, avait trouvé une large pâture. Le pillage des provinces avait été une proie opulente offerte à la convoitise de tous les patriciens; l'amour des plaisirs était venu avec les richesses; ce n'était pas le goût délicat d'une vie élégante et raffinée à la façon des Grecs, mais bien la brutale passion du parvenu dont les richesses ne suffisent pas à voiler la grossièreté.

Tout le dernier siècle de la république est marqué par une débauche générale. Le mariage, qui durant cinq siècles à Rome n'avait pas présenté un seul divorce, était singulièrement dégradé. Un caprice le forme et un caprice le rompt, car le droit pour chacun des époux de divorcer est admis sans limites. Sénèque dit : « Quelle femme « peut rougir encore de divorcer, quand les plus illus-

« tres comptent les années, non pas par le nombre des « consuls, mais par celui de leurs maris. On divorce pour « se remarier et on se marie pour divorcer (*De Benef.*, III, 16). » Juvénal dit de même (satire VI).

..............Sic fiunt octo mariti
Quinque per autumnos.

On conçoit que quand le mariage en est arrivé là, la fidélité conjugale est devenue douteuse. Sénèque dit (*De Benef.* III, 16) que l'adultère est de mode et que, quand il n'est pas trop audacieux, nul ne songe à s'en offenser.

Cette corruption des mœurs, jointe au désir d'une vie voluptueuse et à l'égoïsme produit par les malheurs publics, dégoûta même les Romains du mariage. Le célibat devint une habitude. « Il donnait une sorte d'existence « considérable et privilégiée. Le célibataire était un per- « sonnage de distinction caressé par toutes ces âmes vé- « nales qui faisaient métier de convoiter les successions, « par tous ces courtisans de la fortune qu'Horace a flétris « du nom d'*hérédipètes* (1) » « Qu'ai-je besoin d'enfants, « quand j'ai tant d'amis, s'écrie dans Plaute un de ces « riches célibataires?.. Ils mangent chez moi, me visitent, « me caressent. Avant qu'il fasse jour, ils sont près de « moi ; ils me demandent si mon sommeil a été bon, ils « sont comme mes enfants. Ils n'offrent pas un sacrifice « qu'ils ne m'envoient leurs offrandes, et ils me font la

(1) Troplong, *De l'Influence du christianisme sur le droit civil des Romains*, liv. II, ch. 3.

« part plus large qu'à eux-mêmes. Ils m'invitent à dîner, « à souper, à tout festin qu'ils donnent... » (*Miles Gloriosus*, III, sc. 1).

Ces mœurs étaient le véritable mal, et les lois d'Auguste devaient être impuissantes à les changer; l'entreprise de guérir une société si profondément atteinte était au-dessus des forces d'un empereur épicurien. Il tenta cependant l'entreprise, et nous allons examiner les moyens auxquels il eut recours.

Jules César, au témoignage des historiens, avait déjà récompensé la paternité, mais nous ne connaissons qu'imparfaitement les mesures qu'il prit à cet égard. Suétone et Appien parlent de distributions de terres en Campanie, faites à vingt mille citoyens qui avaient au moins trois enfants.

Auguste suivit cet exemple, et, en l'an 726 de Rome, vingt-sept ans avant Jésus-Christ (c'est la date la plus probable), il présenta au sénat un projet de loi pour punir le célibat et récompenser la paternité. Les sénateurs accueillirent la proposition avec de grandes rumeurs (Dion Cassius, l. IV). Ils dirent que le peu de conduite des jeunes gens et des femmes était la cause véritable qui les détournait du mariage. En eux-mêmes ils se moquaient un peu d'Auguste, qui, pour son propre compte, était loin d'avoir une vie exemplaire. Auguste répondit qu'il y allait du salut de l'Etat; que c'était aux maris à réprimer les mœurs de leurs femmes et de les ramener par leurs conseils à des habitudes plus modestes; que c'était là ce que lui-même avait fait dans sa maison. A ces paroles, les clameurs redoublèrent; on lui demanda quels étaient ces conseils dont il avait usé ainsi à l'égard de sa femme

Livie. Auguste leur exposa alors, un peu malgré lui, ses idées sur la toilette des femmes, sur leur vie publique, sur la modestie de leur tenue. Ces discussions se reproduisirent au sénat un certain nombre de fois.

Enfin le sénat rendit une décision qui ordonnait que la loi Julia serait présentée aux suffrages du peuple. Auguste en recommanda l'admission aux tribus, et cette recommandation était presque un ordre. Cependant la loi ne passa pas. Properce, dans une de ses élégies (II, 7) triomphe de cet échec :

Gavisa es certe, *sublatum*, Cynthia, *legem*
Qua quondam edicta, flemus uterque diu
Ne nos divideret...........
Uxor me nunquam, nunquam me ducet amica.
Semper amica mihi, semper et uxor eris.

Auguste diminua les rigueurs de son projet primitif : un délai de trois ans fut accordé aux citoyens. Ce délai fut lui-même augmenté de deux années. Enfin, en l'année 736 de Rome, dix-sept ans avant Jésns-Christ, la loi Julia fut présentée et adoptée dans les comices.

Cinq ans après, à la suite des victoires remportées sur les Daces et les Pannoniens, les chevaliers vinrent en demander à Auguste la suppression. Auguste les réunit dans le Forum, et fit former deux groupes distincts de ceux qui étaient mariés et de ceux qui ne l'étaient pas ; puis, s'adressant aux premiers, il les félicita d'avoir préféré les douceurs du mariage aux amours illégitimes et d'avoir voulu laisser à la république des enfants nombreux et dignes de leur père. Il se tourna ensuite vers ceux qui n'étaient pas mariés : « Je ne sais de quel nom vous appeler, dit-il ; vous n'êtes pas des Romains, car par vous

« l'Etat est en danger de périr... Ce que vous désirez, ce « n'est pas de mener une vie solitaire sans une épouse « qui soit la compagne de votre table et de votre lit, mais « bien de vous livrer à toutes les licences du plaisir et « de la débauche... Vous n'aimez le célibat que parce « qu'il comprend tous les vices... » Il leur parla ainsi longtemps, et ayant fait venir les enfants de Germanicus et leur père, il les prit dans ses bras en leur disant qu'ils ne devaient pas rougir d'imiter ce jeune homme (1).

Enfin, en l'année 762 de Rome, neuf ans après Jésus-Christ, la loi Papia Poppæa, ainsi nommée des deux consuls M. Papius Mutilus et Q. Poppæus Secundus, vint compléter cette législation. Tacite dit à propos de cette loi... *Quam senior Augustus post Julias rogationes sanxerat* (Annales, III, 25). Ces deux lois formèrent un ensemble de législation, et les jurisconsultes les commentèrent à la fois sous le titre : *Ad legem Juliam et Papiam Poppœam*.

CHAPITRE II.

DISPOSITIONS DIVERSES DES LOIS JULIA ET PAPIA.

Les lois Julia et Papia contenaient un grand nombre de dispositions. Nous savons par un texte du Digeste, la loi 19, *De ritu nuptiarum*, qu'elles ne comptaient pas moins de trente-cinq chapitres. Les récompenses qu'elles avaient prodiguées à la paternité étaient de toute na-

---

(1) Suétone, *Aug.*, 24 et suiv. — Dion Cassius, l. 54.

ture; elles avaient trait au droit public aussi bien qu'au droit privé. Les unes étaient de simples distinctions honorifiques, comme la faveur d'une place privilégiée au théâtre (Suétone, *Aug.*, 44); les autres étaient des privilèges sérieux, qui avaient apporté de graves innovations aux règles du droit. Cependant, la plus importante des dispositions de ces lois était, sans contredit, l'incapacité prononcée contre les célibataires et ceux qui n'avaient pas d'enfants, et l'attribution à titre de récompense aux *patres* des libéralités testamentaires qui leur étaient enlevées: c'est là ce qu'on appelle la *pars caducaria* des lois Julia et Papia. Elle nous occupera durant la plus grande partie de ce travail. Nous allons, dans le présent chapitre, étudier les autres dispositions qu'elles contenaient et les lois accessoires qui s'y rapportent.

1° *Des prohibitions de mariage.*— On trouve dans la loi Julia quelques dispositions qui n'ont pas le caractère spécial d'être des encouragements directs à la paternité; ce sont quelques règles nouvelles, établies à l'égard des prohibitions de mariage et qui ont valu spécialement à cette loi le nom de loi Julia, *De maritandis ordinibus*, c'est-à-dire loi sur le mariage des diverses classes de citoyens.

1° La loi Julia autorisa le mariage entre ingénus et affranchis, qui était jusqu'alors prohibé. Un certain nombre de déchéances avaient longtemps frappé les affranchis comme une expiation de leur ancienne servitude; ils n'avaient pas le *jus honorum*, c'est-à-dire le droit de parvenir aux magistratures, et surtout ils ne pouvaient pas entrer au sénat. Longtemps ils ne combattirent pas dans les légions, où Marius les introduisit le premier.

Jusqu'à Justinien, ils n'ont pas le droit de porter l'anneau d'or, *jus aureorum annulorum;* enfin, il n'y avait pas *connubium* entre eux et les ingénus. Cette déchéance, qui était la plus grave, est supprimée par Auguste, car elle était contraire à l'esprit des lois caducaires. Au reste, dans la servitude commune de l'empire romain, toute trace de l'infériorité des affranchis allait bientôt disparaître, et plusieurs d'entre eux, comme Pallas et Narcisse, affranchis de Claude, devinrent les favoris des empereurs et les maîtres de l'empire.

2° Cependant Auguste mit une restriction à cette innovation. Les sénateurs et leurs enfants continuèrent à ne pouvoir épouser une femme affranchie et quelques autres personnes, savoir : les comédiennes, ou les filles de comédiens, et les femmes de mauvaises mœurs (Ulpien, *Règles*, XIII, 1). Auguste voulut sans doute relever l'autorité du sénat et contraindre les sénateurs à ne pas abaisser leur dignité dans ces unions infimes que la morale réprouve et qui, même à une époque démocratique comme la nôtre, sont encore des scandales.

D'ailleurs la loi Julia ne prononçait pas la nullité même de ces mariages ; elle refusait seulement aux sénateurs qui les contractaient les priviléges qu'elle avait créés en faveur des gens mariés, et elle les punissait des peines du célibat. Ce ne fut que sous Marc-Aurèle qu'un sénatus-consulte prononça la nullité même des mariages ainsi contractés (1). Il ne s'appliqua même pas aux autres unions prohibées par la loi Julia, ni au mariage des sé-

(1) Ulpien, L. 3, § 1, *De donat. int. vir* — Paul. L. 16, pr., *De ritu nupt.* — Ulpien, L. 16, *De sponsalibus.* — Voir M. de Savigny, t. II, *Appendice*, 7.

nateurs avec les personnes notées d'infamie, dont la prohibition fut l'œuvre de la jurisprudence, comme nous allons le voir.

3° La loi Julia prohiba encore le mariage de tout homme ingénu avec : 1° une femme proxénète ; 2° l'affranchie de ceux qui exercent ce métier ; 3° une femme surprise en adultère ; 4° une femme condamnée dans une accusation publique, c'est-à-dire dans une de ces accusations que chaque citoyen pouvait soulever ; 5° une comédienne ; 6°. Mauricien ajoute une femme condamnée par le sénat (Ulpien, *Règles*, XIII, 2).

La jurisprudence modifia un peu ces règles de la loi Julia et posa les principes suivants : 1° un ingénu, qu'il soit ou non sénateur, ne peut épouser une femme notée d'infamie (1) ; 2° les sénateurs ne peuvent, en outre, épouser une affranchie ou une fille de comédiens ; 3° les filles et petites-filles de sénateurs dont la loi Julia ne parlait pas ne purent épouser un homme noté d'infamie. L'infamie était une déchéance qui résultait de plein droit de certains faits, une condamnation pour vol, par exemple, et non pas d'une décision arbitraire des censeurs, comme on le croit souvent. Il est probable que dans l'ancien droit elle n'existait pas pour les femmes. Elle enlevait seulement aux hommes leurs droits politiques (*jus honorum, suffragii*). Depuis la loi Julia, elle leur enleva en outre le *connubium* avec les filles de sénateurs, et pour les femmes elle devint une prohibition de mariage avec tous les ingénus. Le mariage des affranchis leur fut seul permis (2).

---

(1) Ulpien, L. 43, §§ 10, 11 et 12, *De ritu nupt.*

(2) Ajoutez, sur les effets de l'infamie, Paul, *Sent.*, I, 2, § 1.

L'empereur pouvait relever les sénateurs de l'incapacité de la loi Julia. La *natalium restitutio* ou le *jus aureorum annulorum*, accordés aux affranchis, leur faisaient obtenir la même faveur.

Constantin renchérit encore sur les défenses de mariage faites aux sénateurs et les étendit aux *viri perfecti* et aux *duumviri* (Code, L. I, *De natur. lib.*); mais Justinien, épris de Théodora, fille d'un cocher du cirque et comédienne, obtint de son oncle Justin une constitution qui permettait à tout citoyen d'épouser les comédiennes (Code, L. 23, *De nuptiis*. Elle est attribuée à tort à Justinien). Justinien, par une suite de constitutions, arriva enfin à permettre le mariage d'une manière absolue avec toute personne libre. Il exige seulement qu'un acte dotal soit rédigé si le mari est revêtu d'une haute dignité (Code, L. 33, *De episcop. audient;* L. 29, *De nuptiis;* Novelle, 117).

Nous allons étudier les faveurs accessoires accordées par les lois caducaires à la paternité.

1° Celui des deux consuls qui avait le plus d'enfants jouissait de certaines prérogatives. Il avait le droit de faire porter le premier devant lui les faisceaux consulaires, signe d'honneur qui devait leur appartenir tour à tour (Aulu-Gelle, II, 15). Si tous deux avaient le même nombre d'enfants, cette faveur appartenait à celui qui était encore actuellement marié, et si tous deux étaient dans cette condition, elle appartenait à l'aîné. Il est fait allusion à cette disposition de la loi Julia dans le § 197 des *Fragmenta Vaticana*.

2° Quand il y avait plusieurs candidats à une magistrature, telle que la préture et le consulat, on préférait celui qui avait le plus d'enfants (Tacite, *Annales*, II, 41). Pline dit (*epist.* VII, 16) : *Calestrium tironem familiarissime diligo; ille me in tribunatu liberorum jure præcessit.* De plus, il avait le choix des provinces, et, parmi les sénateurs, celui qui avait le plus d'enfants était inscrit le premier sur la liste et votait le premier (Papinien, L. 6, § 5, *De decur.*).

3° Il existait à Rome des lois connues sous le nom de *Leges annales* ou *annariæ*, qui avaient fixé l'âge nécessaire pour que l'on pût briguer chaque magistrature. C'était trente ans pour la questure, trente-sept pour l'édilité, quarante pour la préture, quarante-trois pour le consulat. La loi Julia voulut que chaque enfant dispensât les candidats d'une des années exigées par ces lois (Ulpien, L. 2, *De minor.*).

4° La loi Julia disait : Celui qui a trois enfants vivants nés à Rome, ou quatre en Italie, ou enfin cinq dans les provinces, sera dispensé des *munera personalia.* Ces charges sont définies par le jurisconsulte Arcadius Charisius dans la loi 18 *De muneribus*, au Digeste : « Celles qui n'exigent aucune dépense d'argent, mais seulement un travail de corps ou d'esprit, » et il donne pour exemples la tutelle, la curatelle, la tenue des comptes de la cité (*calendarii curatio*), les soins à donner aux courses de char, aux aqueducs, aux marchés, aux bains publics, etc. On les oppose aux *munera patrimoniorum*, qui exigent des dépenses pécuniaires, et aux *munera mixta*, qui tiennent des deux autres.

Des fraudes étaient souvent commises pour obtenir l'exemption des *munera personalia.* On présentait comme siens des enfants empruntés à la complaisance de parents étrangers. Pour réprimer ces fraudes, on obligea les parents à faire inscrire sur des registres publics le nom de leurs enfants nouveau-nés. C'est ce qu'on appelle la *natalis professio* ou *nativitatis scriptura*, sorte d'état civil dont il est question au Digeste (Terentius Clemens, l. 16, *De probation.*).

M. Machelard pense que cette dispense *propter liberos* des *munera personalia*, et en particulier de la tutelle, fut l'œuvre non pas de la loi Julia elle-même, mais de quelque texte postérieur. Il invoque en ce sens le § 168 des *Fragmenta Vaticana*, où le jurisconsulte se demande s'il est nécessaire, pour dispenser de la tutelle, que les enfants soient nés d'un mariage conforme aux lois Julia et Papia, et il pense qu'il suffit que le mariage soit parfait au point de vue du droit civil. Si l'excuse en question dérivait de la loi Julia, dit M. Machelard, celle-ci eût évidemment exigé que le mariage fût conforme à ses prescriptions. Ajoutez sur cette matière les §§ 190 et suivants des *Fragmenta Vaticana*.

5° L'affranchi qui avait sous sa puissance deux fils ou deux filles nés de lui était dispensé d'acquitter envers son patron les *operæ*, les *munera* et les *dona*, dont il était tenu envers lui. On exceptait de cette faveur l'affranchi qui figurait dans les jeux publics ou qui avait loué ses services comme gladiateur. L'existence d'un seul enfant de cinq ans, si c'était un fils, procurait la dispense des *operæ* dus au patron (Paul., L. 37, *De oper. lib.*). Cette faveur ne s'appliquait pas aux affranchies ni aux Latins Juniens, qui ne pouvaient avoir d'enfants sous leur puissance. Les *operæ* dus par l'affranchi au patron se distinguaient en *operæ officiales* et *fabriles*. Les premières consistaient dans des déférences et des services personnels dont tout affranchi était tenu de plein droit envers son patron ; les secondes consistaient dans des travaux manuels que l'affranchi ne devait qu'autant qu'il s'y était obligé par serment. Les *munera* et les *dona* étaient des présents que faisait l'affranchi au patron en certaines circonstances déterminées ou de son plein gré.

6. La femme ingénue qui avait trois enfants, la femme affranchie qui en avait quatre, étaient dispensées de la tutelle (Gaïus, I, 145 ; Ulpien, XXIX, 3). La tutelle des femmes fut longtemps perpétuelle dans le droit romain. Dès qu'elles cessaient d'être sous la puissance de leur ascendant ou sous la *manus* de leur mari, elles tombaient sous l'autorité d'un tuteur. Dans le dernier siècle de la république, de nombreux adoucissements furent apportés à cette rigidité primitive. Cicéron, dans sa harangue *Pro Murena* (XII, 27), dit : « Nos ancêtres ont voulu que toutes les femmes fussent sous la dépendance d'un tuteur; les jurisconsultes ont inventé des tuteurs qui sont sous la dépendance des femmes. » La loi Papia apporta à cette tutelle un nouvel adoucissement. Une loi Claudia vint, sous l'empereur Claude, supprimer la tutelle des agnats sur les femmes, et il ne resta plus à leur égard que la tutelle des ascendants, et celle du patron à l'égard des affranchies, qui toutes deux aussi perdirent bientôt toute influence (Gaïus, I, 157 et 190).

7. La loi Julia disait : *Divortii faciendi potestas libertæ quæ nupta est patrono ne esto* (Ulpien, L. 11, pr., *De divort.*). Il semble d'abord que ce texte défendait d'une manière absolue le divorce à l'affranchie qui avait épousé son patron; il n'en était rien. Cette affranchie

pouvait divorcer malgré la volonté de son mari, comme toute femme en avait le droit à Rome, depuis le temps de Plaute environ; mais tant que le mari ne prenait pas son parti de cette rupture du mariage qui lui avait été imposée, *quandiu patronus eam uxorem esse volet*, dit le texte, la femme ne pouvait se remarier, quoique son union fût en droit réellement dissoute. Si, au contraire, le patron se mariait ou se fiançait à une autre femme, l'affranchie retrouvait le *connubium*.

8. Quand une femme ou une jeune fille avait pour tuteur légitime un impubère, et qu'elle était sur le point de se marier, la loi Julia ordonnait qu'on lui nommât un tuteur spécial pour lui constituer une dot par la *datio, promissio* ou *dictio dotis*. Le préteur urbain, à Rome, et les présidents des provinces étaient chargés de ce soin (Ulpien, *Règles*, XI, 20). Dans l'ancien droit, les impubères pouvaient être tuteurs, sauf faculté de se faire excuser. Justinien le jeune exigea pour la tutelle l'âge de vingt-cinq ans (Inst., I, 25, § 13).

CHAPITRE III.

INCAPACITÉ RÉSULTANT DU CÉLIBAT ET DE L'ORBITAS.

Une des mesures les plus énergiques imaginées par Auguste pour atteindre son but, fut de déclarer les célibataires incapables de rien prendre de ce qui leur était laissé par testament, à titre d'hérédité ou à titre de legs. Les *orbi*, c'est-à-dire ceux qui étant mariés n'avaient pas d'enfants, furent aussi frappés d'une incapacité partielle.

ils ne purent recueillir que la moitié des libéralités qui leur étaient faites. La loi Julia pour les célibataires, et un peu plus tard seulement la loi Papia pour les *orbi*, avaient établi ces dispositions, comme nous l'apprend Gaïus, *Comm.* II, 286, dans un texte sur lequel nous aurons à revenir (1).

Cette incapacité infligée aux *cœlibes* et aux *orbi*, de recevoir les dons que l'affection d'un parent ou d'un ami mourant leur destinait, nous paraît aujourd'hui une peine exorbitante. Nous considérons avec raison la faculté de disposer de sa fortune par testament comme un droit sacré, conséquence légitime de la propriété. Nous ne comprenons pas que la loi le restreigne arbitrairement, et qu'elle enlève, au gré de ses caprices, à un héritier ou à un légataire, tout ou partie de ce qui lui revient, pour le punir d'un crime imaginaire, le célibat, qui n'est, après tout, que l'exercice le plus naturel de la liberté humaine : « En effet, dit Mirabeau, si le droit dont jouissent les citoyens, de disposer de leur propriété pour le temps où ils ne seront plus peut être regardé comme un droit primitif de l'homme, comme une prérogative qui lui appartient par les lois immuables de la nature, il n'est aucune loi positive qui puisse les en priver légitimement. La société n'est pas établie pour anéantir nos droits naturels, mais pour en régler l'usage, pour en assurer l'exercice (2). » Telles n'étaient

---

(1) Add. Ulpien, *Reg.*, XXII, 3.

(2) Discours lu, le 2 avril 1791, à l'Assemblée nationale, par M. de Talleyrand, le jour même de la mort de Mirabeau, dans la discussion sur le droit de tester. Nous devons dire que Mirabeau y concluait au rejet de la faculté de

pas les idées de l'antiquité. On y considérait le législateur comme un maître absolu, libre de façonner les peuples à son gré, et qui n'avait à prendre conseil que de ses propres sentiments (1). Nous n'avons plus ce fétichisme de la loi; nous conservons vis-à-vis d'elle notre droit d'appréciation et de critique; nous trouvons dans la conscience de l'homme des bornes que la loi ne doit pas franchir, et il n'est personne assurément, de ceux à qui le droit de faire des lois est confié, qui ne reconnaisse ces salutaires limites.

Définitions du célibat et de l'orbitas. — Le célibataire, dans le sens des lois caducaires, est :

1° Celui qui, arrivé à l'âge de vingt-cinq ans, ne s'est pas encore marié, sauf, sur ce point, une controverse que nous examinerons au chapitre suivant.

2° Celui qui, ayant été marié, a cessé de l'être par le divorce ou la mort de son conjoint. Un délai de grâce lui est accordé, aprés lequel il doit se remarier, sous peine d'encourir les déchéances du célibat; ce délai est appelé dans les textes *vacatio*. La loi Julia l'avait fixé pour les femmes à six mois au cas de divorce, et à un an pour le cas de veuvage. La loi Papia, qui vint ensuite, fut plus clémente; le délai y fut porté à deux ans pour le veu-

---

tester, qu'il considère comme une tolérance de la loi, quelquefois opportune, actuellement mauvaise. Son opinion, appuyée par Robespierre, Tronchet et Lanjuinais, fut faiblement combattue par Cazalès. Le droit de tester a également pour adversaire Montesquieu : Grotius et Portalis le défendent. Cette question est intimement unie à celle de savoir si la propriété est un droit naturel ou, au contraire, une organisation artificielle de la loi. Les économistes modernes ont, les premiers, nettement établi la légitimité du droit de propriété.

(2) Bastiat, Pamphlets économiques : *Propriété et loi.*

vage et un an et demi pour le divorce (Ulpien, *Reg.*, titre XIV, *De pœna legis Juliæ*). Aucun texte ne parle d'un délai semblable accordé aux hommes; peut-être ne jouissaient-ils pas de cette faveur. Il eût été cependant bien brutal de punir comme célibataire l'homme qui, veuf depuis quelques jours à peine, ne s'est pas encore remarié.

L'homme ou la femme qui avait des enfants d'un mariage dissous, et qui ne se remariait pas dans ces délais, n'était-il pas du moins à l'abri des peines du célibat, comme ayant suffisamment satisfait aux lois, en donnant des enfants à l'État? Oui, mais nous verrons que sous ce nom de *solitarius pater* il encourait probablement une déchéance moindre et qui ne nous est pas connue.

En un mot, le célibat c'est l'*absence de tout mariage actuel.* C'est ainsi que Suétone nous montre l'empereur Claude qui avait déjà divorcé deux fois, et qui avait fait périr sa troisième femme Messaline, protestant devant les soldats prétoriens qu'il restera dans le célibat, et que, s'il viole sa promesse, il consent à être tué de leurs mains (*permansurum se in cœlibatu ac nisi permansisset, non recusaturum confodi manibus ipsorum* (1). Cette protestation ne l'empêcha pas d'épouser bientôt sa nièce Agrippine, et de faire porter dans ce but, par le sénat, une loi spéciale qui permettait désormais d'épouser la fille de son frère (2).

Les *orbi*, d'après la loi Papia, étaient les époux dont

(1) Suétone, *Claude*, ch. 26.

(2) Agrippine était fille de Germanicus frère de Claude.

le mariage était infécond; l'*orbitas*, c'est le défaut d'enfants légitimes.

Les enfants naturels ne suffisaient pas pour relever des peines de l'*orbitas*; la loi avait voulu encourager le mariage plus encore que la fécondité: c'était là une idée morale dont il faut lui tenir compte.

Il fut admis durant quelque temps que les enfants adoptifs suffisaient pour éviter la qualité d'*orbus*. C'était aller directement contre le but de la loi, qui ne voulait récompenser que la fécondité des mariages. Il y avait là, sans doute, une interprétation favorable admise par la jurisprudence, dans le silence du texte de la loi Papia. Un sénatus-consulte, sur lequel nous aurons à revenir, réforma sous Néron cette imperfection (Tacite, *Annales*, xv, 19).

Du *solitarius pater*. On trouve, dans un texte unique, la rubrique du titre XIII des Règles d'Ulpien, ainsi conçue : *De cœlibe*, *orbo et solitario patre*, l'expression *solitarius pater*, qui a beaucoup embarrassé les commentateurs. Les anciens jurisconsultes, Cujas, Godefroy, Heineccius et autres croyaient qu'il fallait l'appliquer à celui qui n'a qu'un enfant. Il vaut mieux dire que ce *solitarius pater* est l'homme veuf ou divorcé qui a des enfants, mais qui ne s'est pas remarié. Il est *solitarius*, c'est-à-dire privé de son épouse, sa compagne sur la terre, *lecti ac mensœ sociam*, comme disaient les Romains. Sans doute sa négligence à se remarier était punie de quelque déchéance, comme l'indique l'assimilation qu'Ulpien fait de lui au *cœlebs* et à l'*orbus*.

Distinction de la *fiction testamenti* et du *jus capiendi*. — A quelle époque fallait-il se placer pour apprécier l'incapacité résultant du célibat et de l'*orbitas*? Il faut, pour répondre à cette question, voir en quelques mots quel était le droit commun pour les autres incapacités.

En principe, dans le droit romain, la capacité d'être institué héritier, ou d'être gratifié d'un legs, capacité qu'on désigne souvent dans les Commentaires sous le nom de *factio testamenti* passive (1), devait exister au moment même de la confection du testament, et non pas seulement lors du décès du testateur et de l'adition d'hérédité. C'était là une règle bizarre, car le testament ne produit aucun effet avant la mort du testateur. Il n'est de son vivant qu'une lettre morte, qu'un projet que sa volonté ou son caprice peut mettre à néant. Il est donc plus naturel de ne considérer la capacité de l'héritier ou du légataire, qu'au jour du décès du testateur; c'est ce que fait la loi française. La législation romaine, au contraire, exige cette capacité à trois époques : le moment de la confection du testament, le décès du testateur, l'adition d'hérédité ou le *dies cedit* du legs.

Quant aux motifs de cette doctrine rigoureuse, il faut les chercher dans l'historique des formes requises pour le testament en droit romain. A l'origine, le testament n'était pas à Rome ce qu'il fut plus tard et ce que la raison indique qu'il doit être partout, un acte émanant du testateur seul, destiné le plus souvent à rester secret jusqu'à sa mort, et auquel ne prennent aucune part les héritiers ou les légataires qui doivent en profiter. Dans

(1) On appelle *testamenti factio* active le droit lui-même de faire un testament. On l'oppose à la *factio testamenti* passive, qui est le droit de recevoir quelque chose par testament. Voir 5, *De hered. qualit.*, aux Institutes, (II, 19).

le très-ancien droit romain, le testament a la forme d'un contrat. Il se fait d'abord par une loi (*calatis comitiis*), en présence du peuple assemblé, le testateur se démet de ses biens et en investit l'héritier pour le temps où il ne sera plus. Plus tard, pour éviter cette forme toute politique qui fait intervenir l'Etat tout entier dans un acte d'intérêt privé, le testament se cache sous l'apparence d'une vente *per œs et libram*, consentie par le testateur au profit de l'héritier. Toutes les formalités antiques de la *mancipatio* y sont employées. Dans ces deux formes de testament, l'héritier institué joue un rôle actif; il faut qu'il soit présent, qu'il parle, qu'il accepte l'hérédité. On concoit qu'alors on ait exigé de lui, dès l'époque de la confection du testament, toutes les conditions de capacité requises par la loi. Plus tard, le testament se modifie; l'héritier ne joue plus la rôle de *familiœ emptor;* un tiers le remplace, et le testament devient un acte secret auquel l'héritier n'a plus aucune part. Mais le droit romain conservait trop facilement ses vieilles traditions pour ne pas maintenir la rigueur de ses exigences passées, et l'ancienne règle subsista aux circonstances qui la rendaient légitime.

Tel était le droit commun de la législation romaine. Les lois Julia et Papia y apportèrent une grave dérogation : les *cœlibes* et les *orbi* échappèrent à cette ancienne règle, et leur incapacité au moment de la confection du testament, si elle ne durait plus lors de la mort du testateur, ne leur nuisait en rien. On alla plus loin : un délai de grâce leur fut accordé, et après la mort du testateur, le célibataire pouvait, par un prompt mariage, célébré dans les cent jours du décès, échapper aux peines qui l'attendaient (Ulpien, *Règles*, tit. XVII, *De caducis*, § 1).

Pour l'*orbus* la chose est plus douteuse; la naissance heureuse d'un enfant dans les cent jours de la mort du testateur faisait-elle échapper l'*orbus* héritier ou légataire aux déchéances de la loi? Cela est probable, quoique nul texte ne le dise. Il est probable aussi que le célibataire qui se mariait dans le délai de 100 jours ne prenait néanmoins que la moitié de la libéralité qui lui était faite, car, s'il cessait d'être célibataire, il était encore *orbus*.

Cette dérogation aux règles ordinaires sur les incapacités, établie au profit des *cœlibes* et *orbi*, est exprimée dans les textes sous la forme suivante : On dit que les *cœlibes* et *orbi* ont conservé la *testamenti factio*, qu'en conséquence ils peuvent être institués héritiers (*institui possunt*), mais qu'ils sont privés du *jus capiendi*.

Ils n'étaient pas d'ailleurs les seuls qui fussent dans cette position; les *latins Juniens* avaient aussi la *factio testamenti* et étaient privés seulement du *jus capiendi*, c'est-à-dire que si dans les cent jours qui suivent la mort du testateur, le latin Junien, héritier ou légataire, devenait citoyen romain, il était relevé de son incapacité (1). La loi *Junia Norbana*, qui créa cette classe d'affranchis, avait elle-même établi cette règle. On ignore malheureusement quelle est la date exacte de cette loi. Les tables des personnages consulaires, laborieusement reconstruites à l'aide des auteurs anciens, permettent de la placer en l'année 671 de Rome, 63 avant Jésus-Christ, ou bien en

(1) Ulpien, *Reg.*, XVII, 1, et XXII, 2. — Gaïus, I, 23.

l'an 18 après Jésus-Christ. Dans le premier cas, ce serait elle qui, en notre matière, aurait servi de modèle à la loi Julia et Papia. Dans la seconde hypothèse, qui est la plus probable, elle ne fit que l'imiter.

Ainsi, ce qui distingue la *testamenti factio* du *jus capiendi*, c'est : 1° que la *testamenti factio* est exigée dès la confection du testament, tandis qu'il suffit d'acquérir le *jus capiendi;* au moment de la mort du testateur, ou dans les cent jours qui suivent.

2° Quand la *factio testamenti* manque à l'héritier, le testament est *imperfectum;* il n'a jamais pu, d'après le droit civil, produire aucun effet. Il en résulte que si un testament de cette nature est fait après un premier, il n'aura pas pour effet de l'annuler ou, comme on dit, de le rompre; si, au contraire, à ce second testament il ne manquait que le *jus capiendi* dans la personne de l'héritier, le premier testament serait dans tous les cas mis à néant, et comme le second ne vaudrait pas lui-même pour l'héritier qui n'a pas le *jus capiendi*, il y aurait lieu d'appeler les héritiers *ab intestat*, comme le dit Gaïus (II, 144).

3°. Toute disposition faite au profit d'un incapable qui n'avait pas la *testamenti factio* était considérée comme nulle dès l'origine. On disait que *non consistit*, et qu'elle est *pro non scripta*. Or, nous verrons plus loin que les lois Julia et Papia faisaient une différence entre les dispositions réputées non écrites et celles qui devenaient caduques. Les premières étaient maintenues sous l'empire du *jus antiquum*, tandis que les secondes étaient dévolues à ceux qui avaient le *jus caduca vindicandi*. C'est dans cette dernière classe qu'il fallait ranger les dispositions faites à ceux qui n'étaient privés que du *jus capiendi*.

Les textes nous présentent un moyen singulier qui fut imaginé pour éluder l'incapacité résultant du célibat. Le délai de grâce accordé au célibataire pour contracter mariage courait sans doute, sous l'empire de la loi Julia, du jour du décès du testateur. Quand la loi Papia eut reculé le *dies cedit* à l'ouverture du testament, ce terme nouveau fut pris comme point de départ des cent jours pour les institutions pures et simples. Quand l'institution d'héritier était conditionnelle, le *dies cedi* avait lieu seulement à l'avénement de la condition, car auparavant adition ne pouvait être faite. Ce fut donc aussi cette époque nouvelle qui fit courir le délai de 100 jours, quand l'institution du célibataire était conditionnelle. On ne s'en tint pas la ; on imagina de prendre pour condition même l'acquisition du *jus capiendi*, de cette manière : Lucius Titius, *cum capere potuerit, heres esto* : ce qui revenait à dire : que Lucius Titius soit mon héritier quand il ne sera plus célibataire (1). Ainsi l'habileté du testateur allongeait indéfiniment le délai légal, et assurait à l'héritier la succession pour le jour où il lui plairait de faire le sacrifice de son célibat : c'était adroitement éluder la loi. La jurisprudence s'y prêta de bon cœur ; les jurisconsultes partageaient le peu de sympathie que la public avait conçu pour les lois caducaires ; une théorie de droit subtile paraissait de bonne guerre pour les écarter, et c'est d'ailleurs ce qui s'était fait souvent au témoignage de Justinien lui-même : *qui et ipsis prudentissimis viris*

---

(1) Modestin, L. 62, pr., *De her. inst.*

displicuit, multas invenientibus vias, per quas caducum non fieret (L. *un. pr. Code, De cad. toll.*).

Ce même expédient, que Pothier appelle *jurisconsultorum adinventio*, fut appliqué aux legs, et l'usage s'établit de léguer *in tempus liberorum* pour le jour où on aurait des enfants (1).

CHAPITRE IV.

EXCEPTIONS APPORTÉES A L'INCAPACITÉ RÉSULTANT DU CÉLIBAT ET DE L'ORBITAS. — DE LA SOLIDI CAPACITAS.

Les lois caducaires avaient exempté des peines du célibat et de l'*orbitas* un certain nombre de personnes qui leur avaient paru mériter quelque indulgence. C'était principalement des parents assez proches du testateur. La loi, respectant les liens de famille, n'avait pas osé les atteindre. Parmi ces personnes privilégiées, deux classes sont à distinguer : 1° Ceux qui ont le *solidi capacitas*, 2° ceux qui ont le *jus antiquum in caducis*.

Nous verrons plus loin que, par une disposition inverse des peines du célibat, les lois *caducaires* accordaient certaines faveurs aux *patres*, c'est-à-dire aux héritiers et légataires qui avaient des enfants. Il en résulte qu'on trouve sous l'empire de ces lois cinq classes de personnes, qui sont par ordre de préférence : 1° les *patres*, 2° ceux

(1) Ulpien, loi 51, *De leg.*, 2° — Julien, loi 18, *Quando dies leg.* — Paul, loi 20, *Ad S. C. Trebellianum*.

qui ont le *jus antiquum*, 3° les *solidi capaces*, 4° les *orbi*, 5° les *cœlibes*.

Nous avons vu ce qui concerne les *orbi* et les *cœlibes* ; nous allons parler dans ce chapitre de la *solidi capacitas*.

Distinction de la *solidi capacitas* et du *jus antiquum*.— En quoi différaient les *solidi capaces* de ceux qui avaient le *jus antiquum*? Les *solidi capaces* étaient, comme l'indique leur nom, les personnes qui, quoique étant *cœlibes* ou *orbi*, recueillaient toute l'hérédité ou tout le legs que le testament leur attribuait. *Capiebant solidum;* ils ne subissaient aucune réduction. Tel était leur privilége, mais il n'allait pas plus loin, et si, suivant les anciens principes du droit d'accroissement, leur bénéfice eût été susceptible de s'accroître, de la part d'un cohéritier ou d'un colégataire défaillant, par exemple, ils n'avaient pas droit à ce supplément.

Ceux qui ont le *jus antiquum*, au contraire, non-seulement peuvent prendre tout ce qui leur a été laissé, mais encore n'ont rien à craindre des règles nouvelles établies par les lois caducaires pour la dévolution des parts défaillantes. Leur droit est susceptible de s'augmenter de tous les bénéfices que l'ancien droit d'accroissement pouvait leur procurer, sans que les *patres*, ces héritiers privilégiés des lois nouvelles, puissent leur enlever ce supplément légitime. Nous verrons même que leur droit va plus loin et qu'ils partagent avec eux les parts caduques que les lois Julia et Papia leur attribuent en récompense de leur paternité.

Un exemple fera mieux comprendre ces principes : un testateur a institué pour héritier Primus, son oncle, qui, en cette qualité, quoique célibataire, est *solidi capax*;

Secundus, un de ses amis, qui est au nombre des *patres*, et Tertius, un autre de ses amis. Tertius renonce à la succession, sa part défaillante sera attribuée à Secundus tout seul en vertu de son privilége de *pater*, et Primus, *solidi capax*, n'aura droit qu'à un tiers de la succession. Si nous supposons maintenant que Primus soit non pas l'oncle, mais bien le père du testateur, il aura, en cette qualité, le *jus antiquum*, et il aura droit avec Secundus à la part défaillante de Tertius en vertu du droit d'accroissement. La succession se partagera entre eux par moitié.

Si, dans cet exemple, le testateur eût substitué entre eux les trois héritiers, les choses se passeraient autrement; Tertius répudiant la succession, sa part appartiendrait par portions égales, en vertu de la substitution, à Secundus et à Primus, alors même que celui-ci ne serait que *solidi capax*. La substitution des héritiers entre eux était donc encore un moyen imaginé pour éviter l'application des lois caducaires, comme nous l'atteste Justinien (L. 1, Cod. *De cad. toll.*).

Diverses classes de personnes qui jouissent de la solidi capacitas. — On comptait treize classes de personnes qui jouissaient de ce bénéfice.

1° *Les impubères.* — La loi ne pouvait punir à titre de *cœlibes* et d'*orbi* ceux-là mêmes à qui leur âge interdisait légalement le mariage.

2° *Les personnes mariées qui n'avaient pas d'enfants, si elles avaient, les hommes moins de vingt-cinq ans, les femmes moins de vingt.* — La loi se tenant pour satisfaite de leur mariage, les exemptait des peines de l'*orbitas*. Elle ne voulait pas punir ce qui n'était peut-être que le ésultat de la faiblesse de l'âge. C'est ce qu'atteste Ulpien au § 1 du titre XVI de ses *Regulæ*. Il dit que c'était là l'âge à partir duquel la loi exige des enfants (*ætatis a qua lex liberos exigit*). Il est vrai que ce titre est spécial à la *solidi capacitas* entre époux; mais nous verrons plus loin que cette matière, qui était l'œuvre aussi des lois caducaires, était en grande partie soumise aux mêmes règles que la véritable *solidi capacitas* dont nous nous occupons, et qu'on peut généraliser les indications qui nous sont fournies par ce texte.

3° *Ceux qui, quoique pubères, n'étaient pas encore mariés, s'ils se trouvaient dans le délai de grâce que la loi leur accordait.* — Quel était ce délai? Cette question est très vivement débattue.

Un texte de Sozomène (*Histoire ecclésiastique* I, 9), nous donne, je crois, la solution de la question, et son exactitude me semble avoir été contestée sans raison. Il est ainsi conçu : « Il y avait à Rome une ancienne loi « qui privait ceux qui, à l'âge de vingt-cinq ans, n'étaient « pas encore mariés, de ce qui leur était laissé par tes- « tament, à moins qu'ils ne fussent proches parents du « testateur. » Ce texte est positif. Jusqu'à vingt-cinq ans, ceux qui n'étaient pas mariés quoique pubères, n'encouraient pas les peines du célibat.

Un texte fameux de Tertullien (*Apolog.*, ch. IV) appuie singulièrement cette opinion; il dit: « Sévère, le plus sage des empereurs, n'a-t-il pas, hier, abrogé, malgré l'autorité de son extrême antiquité, cette puérile loi Papia, qui exigeait qu'on eût des enfants avant l'âge même où la loi Julia voulait qu'on se mariât. » Tertullien nous apprend qu'il y avait contradiction entre la loi Julia et la loi Papia: le première fixait un âge pour contracter mariage ; c'était cet âge de 25 ans dont parle Sozomène. La seconde, par une de ces négligences communes à tous les législateurs, punissait pour n'avoir pas d'enfant celui-là même qui, d'après la loi Julia, avait le droit de n'être pas marié. Ulpien nous apprend, en effet, que, dès vingt ans, elle exigeait que les femmes eussent des enfants, comme nous venons de le voir (*Règles*, t. XVII). La contradiction était manifeste.

Tertullien ajoute qu'une constitution de Sévère supprima cette anomalie (1). Il abrogea sur ce point la loi Papia, et, désormais, ce fut à partir de vingt-cinq ans, sans distinction, que le célibat et l'*orbitas* furent punis. Ce système était simple ; il contenait cependant encore une inconséquence : en effet, celui qui se mariait exactement à vingt-cinq ans et qui semblait ainsi avoir obéi strictement à la loi, était cependant menacé, si une succession ou un legs lui était dévolu dans les premiers mois de son mariage, d'en perdre la moitié, comme n'ayant pas d'enfants. Un mariage anticipant de quelques mois sur l'âge de vingt-cinq ans était donc, dans tous les cas, une chose prudente et qui devait parer à toute éventualité.

4° *Des fiancées.* — L'usage des fiançailles était général chez les Romains, et dans l'ancienne rigueur des mœurs, elles constituaient un engagement sérieux, dont la violation entraînait l'infamie. Les lois caducaires, adoptant

(1) Il faut admettre que l'empereur Sévère, dont parle Tertullien, est non pas Septime Sévère, mais Alexandre Sévère (222 à 235 de J.-C.), et que, de plus, la constitution de ce prince fut postérieure à la composition des Règles d'Ulpien, car ce jurisconsulte mentionne comme encore en vigueur la règle de la loi Papia, qui punit l'*orbitas*, depuis vingt ans, pour les femmes.

cette idée, avaient exempté les fiancés des peines du célibat.

Cependant, on abusa bientôt de cette faveur. Les fiançailles étaient permises dès l'âge de sept ans pour les filles. Commme le mariage ne leur était possible qu'à douze ans, il arrivait souvent que des jeunes gens qui avaient déjà dépassé le terme que la loi assignait à leur célibat, se fiançaient à des enfants de sept ans. De cette manière, ils prolongeaient de cinq précieuses années le temps de leur indépendance, car ils ne pouvaient se marier avant que leur fiancée eût atteint douze ans, et, durant ce délai, leur qualité de fiancé les dispensait des rigueurs de la loi.

Auguste réprima cette fraude. Il décida que, désormais, les fiançailles ne pourraient précéder que de deux années le mariage, et que, par conséquent, les filles étant nubiles à douze ans, on ne pourrait les prendre pour fiancées qu'à l'âge de dix ans. C'est ce que nous apprend un passage de Suétone et un autre de Dion Cassius (LIV, 16). Suétone dit : *quumque etiam immaturitate sponsarum... vim legis eludi sentiret, tempus sponsas habendi coarctavit* (Aug., ch. 34).

Cependant, Gaïus nous apprend que certaines circonstances pouvaient faire prolonger le temps des fiançailles, par exemple l'état de santé des fiancés, la mort de leurs parents, un lointain voyage, etc. (L. 17, *De sponsalibus*).

5° *Ceux qui, à cause de leur vieillesse, ne peuvent raisonnablement être punis comme* cælibes *ou* orbi.

Ici, trois époques sont à distinguer :

1° Les lois Julia et Papia contenaient une disposition transitoire, qui exemptait des peines du célibat et de *l'orbitas* les hommes qui avaient soixante ans et les femmes qui en avaient cinquante. Ceux qui n'étaient pas mariés à cet âge n'auraient pu contracter qu'un mariage stérile. Quant à ceux qui l'étaient, mais qui n'avaient pas d'enfants, c'eût été faire injustement rétroagir la loi que de les punir de leur infécondité passée (Ulpien, *Reg.*, XVI, 3).

Au reste, les textes nous apprennent que ces deux âges de soixante et de cinquante ans étaient considérés vulgairement comme les termes de la fécondité. Ainsi, on refusait la permission d'adroger à celui qui avait moins de soixante ans, *quia magis liberorum creationi studere debeat* (1). L'accouchement d'une femme de cinquante ans paraissait si extraordinaire, que l'on s'était demandé si l'enfant pouvait prétendre aux droits d'un enfant légitime et succéder à son père (2).

2° Cette première règle était une disposition transitoire faite pour ceux que les lois nouvelles avaient surpris dans leur âge mur ou leur vieillesse, et qui devait disparaître au bout de quelque temps. Il eût été absurde que des personnes nées sous l'empire de ces lois, et qui, bravant leur volonté, seraient restées toute leur vie célibataires, se trouvassent tout à coup, à l'âge de soixante ou cinquante ans, relevées des déchéances qui avaient pesé sur elles durant toute leur jeunesse. Aussi, le sénatus-consulte Pernicien, mentionné par Ulpien, vint, sous Tibère, frapper des peines des lois caducaires ceux qui, jusqu'à cinquante ou soixante ans, étaient restés célibataires. Notons cependant que ce sénatus-consulte, pour n'avoir pas à son tour un effet rétroactif, n'atteignit que ceux

(1) Ulpien, L. 15, § 2, *De adopt.*
(2) L. 12, Code, *De leg. her.*

qui, jusqu'à cinquante ou soixante ans, étaient restés célibataires, non ceux qui s'étaient mariés et n'avaient pas eu d'enfants; c'est ce qui résulte des paroles d'Ulpien : *neutri legi paruerit.* Il semble bien qu'il faut en conclure que, sous l'empire des lois caducaires, on n'était jamais puni comme *orbus* après cinquante et soixante ans. C'est ce qui est confirmé par Ulpien, au titre XVI, § 1 de ses Règles. Il cite parmi les cas où il y a *solidi capacitas inter virum et uxorem*, celui où les deux époux ont atteint, dans le mariage, l'âge fixé par la loi Papia, c'est-à-dire soixante ans pour les hommes et cinquante pour les femmes. Ajoutons au texte qu'ils l'ont atteint sans enfant; car, s'ils avaient eu un enfant commun, ce motif aurait suffi pour les exempter à tout âge des déchéances de la loi, comme il est dit dans le même texte.

3° Enfin, l'empereur Claude apporta une nouvelle modification à cette législation, en diminuant la rigueur du sénatus-consulte Pernicien : « Le sénatus-consulte Claudien, dit Ulpien, voulut que l'homme sexagénaire qui épouse une femme ayant moins de cinquante ans fût traité comme si lui-même en avait moins de soixante. » Sous la législation de Tibère, ce mariage tardif n'aurait pu empêcher le mari sexagénaire ni sa femme de subir la déchéance des lois caducaires. Claude, considérant que l'âge de la femme permet de croire que ce mariage ne sera pas nécessairement stérile, en rend aux deux époux les avantages.

« Mais, ajoute Ulpien, si, à l'inverse, une femme de « plus de cinquante ans épouse un homme qui en « a moins de soixante, cette union n'en est pas moins ap- « pelée *impar matrimonium*, et le sénatus-consulte Cal-

« vitien ne veut pas qu'il puisse servir à réclamer les « herédités, les legs et la dot. La femme morte, sa dot « deviendra caduque. » Ici l'âge de la femme ne permettait plus d'espérer une union féconde, et la faveur établie par Claude ne pouvait s'y appliquer. La dernière ligne du texte veut dire que le mari survivant ne gagnera pas la dot de sa femme selon le droit commun, et que cette dot deviendra une part caduque dans la succession de celle-ci.

Justinien, dans la L. 27, au Code, *De nuptiis,* semble dire que les mariages contractés par un homme ayant plus de soixante ans ou par une femme en ayant plus de cinquante étaient prohibés par les lois Julia et Papia; c'est une erreur. La validité elle-même de ces unions n'a jamais été contestée.

6° *Les* cognati *jusqu'au sixième degré.* — Malgré leur rigueur systématique, les lois caducaires n'osèrent pas maintenir entre proches parents les incapacités par lesquelles elles punissaient si sévèrement le célibat et le défaut d'enfants. L'affection que créent les liens du sang l'emporta sur les exigences politiques, et le législateur ne voulut pas empêcher un frère, sous prétexte qu'il n'était pas marié, de recueillir la succession de son frère.

Les *cognati,* jusqu'au sixième degré et de plus au septième, les enfants du *sobrinus* et de la *sobrina* seulement furent relevés des incapacités du célibat et de l'*orbitas*. C'est ce qu'indique positivement le § 216 des *Fragmenta Vaticana,* sur lequel nous aurons à revenir (1).

---

(1) Adde Ulpien, *Règles,* XVI. § 1.—§§ 156, 214 et 215, *Fragm. Vaticana.* Cette faveur accordée à la *cognatio* et les limites dans lesquelles elle est restreinte, ont été empruntées par la loi Papia aux anciennes lois Cincia et Furia (§§ 299 et 301 *Frag. Vatic.*).

7 °*Les Alliés.*—Les § 158, 214 et 215 des *Fragmenta Vaticana* nous apprennent que certains alliés étaient exemptés des déchéances des lois Julia et Papia, au même titre que les *cognati*. Ils ne nous donnent pas d'autre indication à cet égard. Les §§ 218 et 219, au contraire, contenaient bien certainement la liste exacte des alliés qui jouissaient de cette faveur ; mais ils ne nous sont parvenus que mutilés. En voici le texte avec les restaurations proposées :

218. *Item. Lege autem Papia ii adfines excipiuntur, qui (vir et uxor, et gener et nurus) et socer et socrus unquam fuerunt.*

219. *Item. Vitricus (noverca, privignus), privigna vel ipsorum, vel eorum, qui in eorum potestate fuerunt.*

Comme on le voit, on n'y trouve de mention certaine que pour quatre personnes : *Socer, socrus, vitricus, privigna. Socer* et *socrus*, c'est le beau-père et la belle-mère; *vitricus*, c'est le parâtre, c'est-à-dire le deuxième mari de votre mère ; *privigna*, c'est la fille d'un premier lit de la femme que vous épousez. Ce sont tous des alliés en ligne directe. Les restaurations empruntées au § 302, qui énonce les personnes exemptées de la loi Cincia, y ont ajouté les autres alliés en ligne directe. Cette assimilation entre les deux lois est légitime (1), et on peut poser cette règle :

Les alliés en ligne directe sont exemptés des lois Julia et Papia.

---

(2) Cependant les mots *vir* et *uxor*, en cette restitution, sont évidemment fautifs. Le § 1 du titre 16 des *Règles* d'Ulpien déclare qu'il n'y avait *solidi capacitas* entre les époux qu'autant qu'ils avaient des enfants communs, tandis

Remarquons, dans le § 218, ces mots *qui unquam fuerunt*. Ils indiquent que la faveur accordée aux alliés subsistait même après la dissolution du mariage qui avait fait naître l'alliance. Cela est remarquable, car le § 303 nous apprend que, dans l'application de la loi Cincia, au contraire, les alliés ne jouissaient de l'exception que s'ils avaient encore cette qualité lors de la donation. Un rescrit d'Antonin le Pieux avait même établi en principe que, dans le silence de la loi, les faveurs accordées aux alliés devaient cesser avec le mariage qui avait créé l'alliance.

8° *Ceux qui étaient atteints d'impuissance naturelle ou accidentelle.* — Cette exception aux incapacités des lois caducaires est tirée par une induction un peu hardie peut-être d'un texte unique du Digeste, la Loi 128, *De verborum significatione,* qui donne le sens du mot *spado.* Comme ce fragment est tiré d'un Commentaire d'Ulpien sur les lois Julia et Papia, Godefroy, et après lui Heineccius et Pothier en ont conclu que ces lois s'occupaient des *spadones*, et que c'était, sans aucun doute, pour les exempter de leur prescription.

9° *Ceux qui étaient absents pour le service de l'État.* — Ulpien (*Règles*, t. XVI, § 1) dit que les époux ont entre eux la *solidi capacitas*, quand l'un d'eux est absent, durant le temps que dure son absence, et encore une année

---

que cette restitution les présente comme exemptés de plein droit des peines de l'*orbitas*. Cette remarque est faite par M. Machelard dans sa dissertation sur l'accroissement entre les héritiers testamentaires et les colégataires aux diverses epoques du droit romain 1861. Ce savant ouvrage d'un de nos maîtres a été notre guide durant tout ce travail.

après son retour. On peut généraliser ce texte et l'étendre à tous les citoyens pour les incapacités du célibat et de l'*orbitas*.

Il n'est pas dit dans ce texte qu'il faille que l'absence ait lieu *reipublicæ causa*; mais les jurisconsultes sont d'accord pour y restituer ces mots. En effet, 1° l'on ne pourrait concevoir que la loi permît d'éluder ses dispositions sous le prétexte d'un voyage quelconque ; 2° Ulpien lui-même, dans les lois 36 et 38, *Ex quibus causa maj.*, qui sont des fragments extraits de son Commentaire sur les lois Julia et Papia, définit en détails minutieux ce que doit être l'absence *reipublicæ causa*, et ces textes prouvent bien que celle-là seulement dispensait des lois caducaires (1).

10° *Les fils de famille.* — Les fils de famille, dans l'opinion de Cujas et de Pothier, étaient exemptés des peines du célibat et de l'*orbitas*, et voici sur quel raisonnement ces deux grands jurisconsultes appuyaient leur opinion :

Les fils de famille ne pouvaient absolument contracter mariage sans le consentement de l'ascendant à la puissance de qui ils étaient soumis ; le refus de cet ascendant les condamnait donc à un célibat forcé dont il eût été injuste de leur faire subir les conséquences. Les jurisconsultes invoquent en ce sens la loi 21, *De ritu nuptiarum*, empruntée au Commentaire de Terentius Clemens *ad Legem Juliam et Papiam*, et qui est ainsi conçu : *Non cogitur filiusfamilias uxorem ducere.*

---

(1) Ces textes détournés de leur sens primitif sont appliqués par les compilateurs de Justinien aux cas où, par exception, un majeur de 25 ans peut être restitué *in integrum*.

Nous ne pensons pas que ce soit là le sens de ce texte. Il veut simplement dire que la puissance paternelle avait cette limite, de ne pouvoir contraindre un fils au mariage. Quant au raisonnement des deux jurisconsultes, plusieurs réponses peuvent lui être faites :

1° Le père de famille avait cessé, au temps d'Auguste, d'avoir le droit absolu de s'opposer au mariage de son fils. La loi Julia elle-même, poursuivant obstinément son but de propagande matrimoniale, voulait que le magistrat pût, dans certains cas, contraindre le père à marier son fils. C'est ce que nous apprend Marcien (L. 19, *De ritu nuptiarum*) : « Le chapitre XXXV de la loi Julia veut « que si un père de famille refuse injustement de marier « les enfants qu'il a sous sa puissance, ou même, comme « l'a ajouté une constitution de Sévère et d'Antonin, s'il « refuse de les doter, les proconsuls et les gouverneurs de « provinces forcent ce père à faire une dot et à procurer « une alliance à ses enfants. On considérait comme un « refus du père le fait même qu'il ne cherchait pas à ma- « rier ses enfants. »

2° Il faut remarquer qu'en laissant peser sur le fils que la volonté paternelle retient dans le célibat les sévérités de la loi Julia, le législateur atteignait précisément le père lui-même, qui eût seul profité du legs et des hérédités laissés à son fils. Il ne faut pas oublier qu'au temps d'Auguste et des jurisconsultes le fils de famille n'a rien en propre, à l'exception du *pécule castrens* qu'il gagne à la guerre. Tout ce qu'il acquiert est acquis à son père. C'était donc habilement pousser le père de famille à l'exécution de la loi Julia que de lier ainsi son intérêt à l'établissement de ses enfants.

Nous invoquons à l'appui de notre opinion la Loi 140, *De verb. signif.* (*Ulpien, ad Legem Juliam et Papiam: Cepisse quis intelligitur, quamvis alii acquisiit*), qu'il faut traduire : « Celui-là même qui fait profiter autrui de ce « qu'il acquiert n'en est pas moins considéré comme re- « cueillant lui-même. » C'est précisément l'hypothèse du fils de famille, et il en résulte que c'est en lui que doivent exister les conditions exigées par la loi pour *capere posse.*

Cujas et Pothier ne reconnaissent pas l'autorité de ce texte ; ils lui opposent d'autres textes, qui semblent, à la vérite, établir une doctrine contraire, et principalement la loi 51, *De reg. jur. : Non videtur quisquam id capere, quod ei necesse est alii restituere.* On n'est pas considéré comme recueillant soi-même ce que l'on doit restituer à autrui (1). Nous répondrons que ce texte et ceux qui sont dans le même sens s'appliquent tous au cas où le gratifié est tenu de restituer à autrui, en vertu d'un fidéicommis. Le gratifié n'y joue le rôle que d'un intermédiaire, et il est naturel de n'exiger la capacité que de celui qui doit profiter réellement de la disposition. Tel n'est pas le cas du fils de famille, qui, en fin de compte, doit profiter lui-même de ce que son père a acquis.

Nous venons de voir qu'un fils de famille a besoin d'avoir la capacité des lois caducaires pour acquérir de son père les successions qui lui sont laissées. Faut-il, en ce cas, que le père lui-même ait cette capacité? Quoique

(1) *Adde* Javolenus, L. 42, *De leg.* 2°. — Paul, L. 28, *De leg.* 3°. — Ulpien, L. 16, § 15, *Ad S.C. Trebell.*

aucun texte ne le dise, nous n'hésitons pas à l'affirmer. Pour que les déchéances des lois caducaires fussent efficaces, il ne fallait pas qu'on pût les éluder en léguant à une personne, par l'intermédiaire de son fils, ce qu'on ne pouvait pas lui laisser à elle-même. Cujas et Pothier sont cependant d'un avis contraire. Ils invoquent la loi 140, *De verb. sign.*, que nous venons d'expliquer, comme si cette loi, en exigeant la capacité du fils, avait pour but d'exclure celle du père. Au surplus, ces deux jurisconsultes reconnaissent eux-mêmes que la doctrine qu'ils proposent ne peut s'appliquer au cas de legs fait à un esclave, et qu'il faut, comme nous le verrons bientôt, que le maître ait la capacité de recueillir. Or, entre les deux cas, il n'y a pas de raison sérieuse de distinguer. C'est à tort qu'ils disent que le fils de famille a une personnalité qu'on doit seule envisager en laissant de côté celle du père, tandis que l'esclave n'en a pas. Cette doctrine est démentie par les textes qui disent, qu'en matière de legs, l'esclave a si bien une personnalité que tel legs peut lui être fait qu'on ne pourrait faire à son maître (1).

XI. *Les esclaves*. Qu'arrivait-il quand le legs ou l'hérédité étaient laissés non pas à un fils de famille, mais à un esclave? Posons d'abord deux principes : 1° L'esclave, comme le fils de famille, n'acquiert pas pour lui-même,

---

(1) Paul, L. 82, § 2, *De leg.* 2°. Une objection semble en apparence rendre impossible l'hypothèse sur laquelle nous raisonnons. Comment un père qui a des enfants sous sa puissance peut-il être sous le coup des incapacités du célibat et de l'*orbitus*? La réponse est facile. Ces enfants peuvent être : 1° des enfants adoptifs ; 2° des enfants légitimes issus d'un mariage irréprochable, selon le droit civil, mais contraire aux lois Julia et Papia, le mariage d'un sénateur avec une affranchie par exemple.

mais pour son maître ; 2° L'esclave, à la différence du fils de famille, ne peut se marier d'après la loi romaine, ni avoir d'enfants légitimes. Cela étant, deux hypothèses sont à distinguer :

1° La libéralité est faite à un esclave d'autrui, qui acquiert pour son maître. Il faut que le maître soit marié et ait des enfants pour pouvoir recueillir cette libéralité ; car ç'eût été un moyen trop facile d'éluder la loi caducaire, s'il eût suffi d'adresser le legs à l'esclave de l'incapable pour lui assurer le bénéfice que la loi voulait lui ôter. Il faudra donc que le maître ait le *testamenti factio* et le *jus capiendi*. Quant à l'esclave légataire, il est dispensé des incapacités des lois caducaires, par le motif souverain qu'il n'y a pas pour lui de mariage légitime possible (1).

2° Le legs est fait à l'esclave par son maître, qui lui laisse en même temps la liberté. Dans ce cas, l'esclave profite, pour son compte, de la liberalité. Peu importe qu'il soit ou non engagé dans cette union que le droit appelait *contubernium*, ici encore, il est exempté des conditions exigées par la loi caducaire. Peu importe aussi que son maître défunt, qui est en même temps le testateur, ait été célibataire ou *orbus*.

XII. *Si la succession laissée à un incapable célibataire ou* orbus *est insolvable*, et que cependant, il l'ait acceptée, l'incapacité dont il est frappé ne reçoit pas son effet. Il ne serait pas utile de le décharger d'une succession onéreuse (Julien, L. 72, *De her., inst.*).

---

(2) Térentius Clemens, L. 82, *De adq. vel omitt. hered.*

XIII. *Vacationes legis Papiæ Poppæ.* Le droit d'exempter des prescriptions des lois caducaires appartint d'abord au sénat, puis à l'Empereur (Dion IV, 2). Suétone (*Claude*, XIX) par exemple, nous apprend que Claude, en vue d'assurer l'approvisionnement régulier de Rome, accorda de grands avantages à ceux qui faisaient construire des navires de commerce. Un citoyen romain obtenait une *vacatio legis Papiæ;* un Latin, le *jus Quiritium;* une femme, le *jus quatuor liberorum*. Cette *vacatio* nous paraît être la concession de la *solidi capacitas*. Dion Cassius (LX, 24) rapporte que le même empereur Claude accorda aux militaires qui d'après la loi ne pouvaient se marier, le *jus maritorum*. Cette expression aussi nous paraît désigner la *solidi capacitas*.

CHAPITRE V.

DU JUS ANTIQUUM IN CADUCIS.

Nous avons vu, en tête du chapitre précédent, en quoi consistait le *jus antiquum in caducis*, et en quoi il différait de la *solidi capacitas*, avec laquelle il faut se garder de le confondre.

Les personnes qui avaient le *jus antiquum* étaient :

1° *Les descendants ou ascendants du testateur jusqu'au troisième degré inclusivement* (1). Le droit de succession avait, à leur égard, un caractère sacré que la loi respecta.

---

(1) Ulpien, *Règles*, tit. 18, *Qui habeant jus antiquum in caducis*.

Peu importait que les descendants fussent ou non *sui heredes*. Heineccius a cru, à tort, que tous les descendants, à quelque degré qu'ils fussent, jouissaient de ce droit. L'existence de descendants au quatrième degré est tellement rare que la loi, en les omettant, n'a pas mérité de sérieux reproche; ils rentraient d'ailleurs dans la classe des parents qui sont *solidi capaces*.

2° *L'empereur et l'impératrice*. Les premiers empereurs voulurent conserver, pour s'exempter des déchéances des lois caducaires, le simulacre de la légalité. Auguste demande au sénat le droit de léguer à sa femme Livie un tiers en plus de la quotité disponible entre époux (1). C'est aussi par un sénatus-consulte que Caïus Caligula, quoique célibataire et sans enfants, se fait conférer une pleine capacité de recevoir par testament (2). Cette apparente intervention du sénat disparut vite : Ulpien, *ad legem Juliam et Papiam*, dit dans la loi 31, *De legibus* (3) : *Princeps legibus solutus est; Augusta autem, licet legibus soluta non est, principes tam eadem illi privilegia tribuunt quæ ipsi habent*. Il est probable que cette prérogative de l'empereur et de l'impératrice se bornait à leur faire acquérir la *jus antiquum*, sans leur conférer le *jus patrum*.

Nous avons vu qu'outre cette faveur toute personnelle, l'empereur, héritier en cela des droits du sénat, pouvait conférer à tout citoyen la *solidi capacitas* et le *jus liberorum*.

---

(1) Dion Cassius, LVI, 32.

(2) Dion Cassius, LIX, 15.

(3) Ce texte a passé longtemps pour être la reconnaissance expresse du pouvoir absolu des empereurs; mais il est certain que la signification du mot *legibus* doit être restreinte aux lois caducaires.

3° *Les militaires.* — Les militaires avaient reçu en droit romain pour la confection de leur testament de nombreux priviléges. *Voluntas militis pro jure servatur,* dit la loi 1, Code, *De test. mil.* Un autre texte, la loi 19, § 2, *De cast. peculio,* dit que le militaire peut, *sine observatione legum facere testamentum.* Ces priviléges portaient d'abord sur les formes légales des testaments, dont ils étaient expressément dispensés. De plus, ils pouvaient instituer toute personne dans leur testament, sans tenir compte des incapacités diverses que la loi avait établies. Gaïus le déclare expressément dans les §§ 110 et 111 de son Commentaire II, et il parle spécialement des incapacités résultant du célibat et de l'*orbitas.* Il en résulte qu'à l'égard du testament d'un militaire le *jus antiquum* tout entier était conservé.

Étendue du jus antiquum.—Nous avons vu que le *jus antiquum* comprend deux droits distincts : 1° le droit de recueillir intacts les hérédités et les legs; 2° le droit de voir ces avantages eux-mêmes, augmentés conformément aux anciennes règles du droit d'accroissement; ce qui n'appartenait pas aux *cognati,* qui n'avaient que la *solidi apacitas.*

3° Le *jus antiquum* ne conférait-il pas un troisième avantage, celui de partager avec les *patres* les parts caduques proprement dites, aussi bien que celles dont la défaillance tenait aux anciennes règles du droit civil? C'est là une question délicate, qu'il nous faut examiner.

Un exemple la fera mieux comprendre : soient trois héritiers : Primus, Secundus, père du testateur qui a le *jus antiquum,* et Tertius qui, marié et père de famille, a le *jus patrum* : Primus refuse d'accepter la succession, ou bien il meurt avant le testateur, ou encore il n'a pas la *factio testamenti;* en un mot, il ne peut recueillir sa part héréditaire, par une des causes qui dérivent du droit civil proprement dit. Il n'est pas douteux que sa part défaillante ne doive être attribuée à Secundus et à Tertius : à Secundus, en vertu de l'antique droit d'accroissement que le *jus antiquum* lui conserve ; à Tertius, en sa qualité de père. Si nous supposons, au contraire, que Primus fait défaut parce qu'il est célibataire ou *orbus*, c'est-à-dire en vertu des incapacités nouvelles créées par les lois caducaires, le résultat sera-t-il le même? Quoiqu'il n'y ait plus lieu ici d'appliquer l'ancien droit d'accroissement, Secundus pourra-t-il encore partager avec Tertius la part défaillante en vertu du *jus antiquum*, ou, au contraire, Tertius la prendra-t-il seul en qualité de part caduque ?

Voici notre solution : le *jus antiquum* donne droit non-seulement aux parts qui font défaut en vertu du droit civil, mais encore à celles qui sont atteintes seulement par les incapacités des lois nouvelles.

Notre argument capital est le texte d'Ulpien (*Règles* XVIII), qui définit le *jus antiquum : Item liberis et parentibus testatoris usque ad tertium gradum lex Papia jus antiquum dedit, ut hereditus illis institutis, quod quis ex eo testamento non capit, ad hos pertineat, aut totum aut ex parte, prout pertinere possit.* Ulpien dit que le *jus antiquum* donne droit à toute part défaillante : *quod quis ex eo testamento non capit,* sans distinguer si c'est une incapacité ancienne ou récente qui atteint la disposition. Le sens du texte est général comme l'expression. Ajoutons que la rubrique de ce titre : *Qui habeant jus antiquum in caducis*, indique bien que le *jus antiquum* donnait droit aux parts caduques.

L'opinion contraire a cependant de nombreux partisans. Ils invoquent : 1° le nom même de *jus antiquum*, qui ne semble s'appliquer qu'aux anciennes incapacités ; 2° ils ne peuvent croire que les lois caducaires aient favorisé à ce point le *jus antiquum* au détriment du *jus patrum*.

3° Une objection plus sérieuse est celle-ci : reconnaître que le *jus antiquum* s'applique même aux incapacités nouvelles; c'est, dit-on, accorder à ceux qui ont ce droit, non-seulement tous les avantages du *jus patrum*, mais encore, en un point, des faveurs plus étendues. Nous verrons que l'héritier qui, d'après les anciennes règles du droit d'accroissement, prenait une part vacante, était dispensé d'acquitter les *onera* imposés spécialement au défaillant. Cette règle fut maintenue au profit de ceux qui avaient le *jus antiquum*, comme l'atteste expressément un texte précieux, échappé aux compilateurs de Justinien, la loi 29, § 2, *De leg.*, 2, du jurisconsulte Celse. Au contraire, les lois nouvelles avaient posé le principe : *Caduca cum suo onere fiunt* (Ulpien, *Règles*, XVII, § 3); ce qui veut dire que le bénéfice de toute part caduque entraîne l'obligation de payer les charges imposées spécialement au défaillant. Le *jus antiquum*, en cela mieux traité que le *jus patrum*, doit donc lui être inférieur en quelque autre point, pour ne pas arriver à ce résultat inouï, de décider que les proches parents, qui ont le premier de ces droits, sont sous l'empire des lois caducaires mieux traités que les *patres* eux-mêmes.

Cette objection est sérieuse. On peut cependant y répondre que cette supériorité prétendue du *jus antiquum* repose sur un point unique, l'exemption de charges personnelles dont l'application est rare. Au surplus, ce privilége du *jus antiquum* s'effaça peu à peu sous l'influence d'un rescrit de Sévère et Antonin. Ce rescrit déclara que quand il y a dans un testament un héritier substitué, les charges imposées à l'héritier institué seront tacitement supposées l'avoir été aussi au substitué, qui devra les acquitter. Cette doctrine, qui est équitable, était d'ailleurs celle de plusieurs jurisconsultes antérieurs à Antonin(1), et nous pensons que l'empereur ne fit qu'ériger en loi un principe de jurisprudence. Quoiqu'il y ait entre la substitution et le droit d'accroissement des différences graves, cette constitution amena sinon immédiatement, du moins par voie de conséquence, la suppression de l'exemption des *onera*, qui existait au profit du *jus antiquum*. C'est ce que nous apprend un texte d'Ulpien (L. 61, §1, *De leg.*, 2°), qui suppose, il est vrai, le droit d'accroissement exercé entre héritiers *ab intestat*. Mais comme il n'y a aucune raison de ne pas décider de même au cas d'accroissement entre héritiers testamentaires, il est probable que les mêmes principes y étaient appliqués.

Au reste, sur d'autres points, ces droits conférés par le *jus antiquum* étaient certainement inférieurs à ceux que donnait le *jus patrum*. Pour n'en citer qu'un exemple, nous verrons plus loin qu'à défaut de cohéritiers ayant des enfants, la part héréditaire caduque appartenait aux légataires *patres*. L'ascendant ou le des-

---

(1) Julien, L. 87, §§ 4 et 5, *Ad leg. fals.* Scœvola est d'un avis contraire, L. 14, § 1, *De jure codic.*

cendant qui n'avait rien qu'un legs n'avait jamais droit aux parts héréditaires en vertu du *jus antiquum*.

Le *jus antiquum* fut sans doute conservé aussi à l'égard des legs, quoiqu'aucun texte ne le dise, et le colégataire conjoint, jouissant de ce droit, continua à recueillir le premier la part défaillante de son colégataire.

CHAPITRE VI.

DU JUS PATRUM OU JUS CADUCA VINDICANDI. — EXCEPTION RELATIVE AU LEGS D'USUFRUIT.

Les lois Julia et Papia punissaient, comme nous l'avons vu, le célibat et le défaut d'enfants. Celui qui était le père d'une famille légitime n'échappait pas seulement à leur sévérité, il recevait encore, en récompense de sa paternité, le droit de recueillir les dispositions qui, dans le testament même où il était institué héritier ou légataire, se trouvaient être caduques. C'est là ce qu'on nomme le *jus patrum* ou *jus caduca vindicandi*.

Plusieurs textes mentionnent ce droit. C'est : 1° le paragraphe 286 du Commentaire II de Gaïus; 2° le paragraphe 3 du *Fragmentum veteris J. C. D., De jure fisci : Sane si post centesimum diem patres caducum vindicent, omnino fisco locus non est*; 3° la même doctrine se trouve énoncée dans les §§ 206 et 207 du Commentaire II de Gaïus, sur lesquels nous aurons à revenir.

Un seul enfant suffisait pour procurer le *jus caduca vindicandi*, comme l'attestent les lois 148 et 149 *De verb. signif.*, extraites du Commentaire de Gaïus *ad legem Juliam et Papiam.*

Cependant, il n'était pas indifférent pour le citoyen romain marié d'avoir plusieurs enfants. Juvénal déclare expressément que trois enfants procuraient des avantages spéciaux (1). Ainsi : 1° la quotité disponible entre époux était plus considérable quand ils avaient plusieurs enfants que quand ils n'en avaient qu'un seul (voir plus bas) ; 2° nous avons vu de même au chapitre 2 que la dispense des *munera personalia*, l'exemption de la tutelle des femmes, l'acquisition du *jus Quiritium* par un Latin, exigeaient au moins trois enfants, et que d'autres immunités étaient accordées en proportion de leur nombre.

Quels étaient les enfants qui procuraient le *jus caduca vindicandi?* C'étaient ceux-là seulement qui étaient *heredes sui* d'après le droit civil ou le droit prétorien, ceux à qui le préteur accordait la *bonorum possessio unde liberi.*

Les enfants adoptifs rentraient dans cette classe. Aussi ils suffirent longtemps pour acquérir à leur père le *jus patrum*. Cette faveur, conforme aux principes du droit, était singulièrement opposée à l'idée des lois caducaires. L'adoption devint de plus en plus fréquente et fut un moyen facile de procurer une paternité factice et d'éviter les peines de l'*orbitas*. C'est ce que nous apprend Tacite dans les *Annales*, livre 15, chap. 19. Un sénatus-con-

(1) Satire IX : Commoda præterea junguntur multa caducis
Si numerum, si tres implevero.

sulte vint, sous Néron, remédier à cet abus; il décida que l'adoption ne suffirait plus pour faire acquérir au père les héritages et les faveurs politiques réservées aux *patres*. Tacite nous apprend que c'était à cet égard surtout que la fraude s'était produite ; beaucoup de citoyens avaient recours à ce qu'il appelle la *simulata adoptio* : elle consistait à adopter des enfants à l'approche des comices, et à les émanciper aussitôt après le partage des magistratures, dont on avait ainsi voulu s'assurer le bénéfice.

Pour pouvoir invoquer la *caducorum vindicatio*, il ne suffit pas d'avoir des enfants ; il faut qu'ils soient *liberi superstites*, c'est-à-dire que ces enfants vivent encore au moment où leur père veut user de son droit. Il en était ainsi pour les excuses de tutelle, lorsqu'on invoquait pour les obtenir le grand nombre d'enfants. On avait cependant, par faveur, assimilé dans ce cas aux enfants vivants ceux qui avaient été tués à l'armée, *in acie amissi*. C'est une question douteuse que de savoir si cette dérogation s'appliquait aussi à la *caducorum vindicatio*.

Cette exigence spéciale de la loi explique le § 195 des *Vaticana Fragmenta*. On y voit que les petits-enfants pouvaient, en cas de mort de leur père, tenir sa place et permettre à l'aïeul d'invoquer la *caducorum vindicatio*. Mais cela n'était vrai que pour les petits-enfants nés d'un fils et non pas pour les petits-enfants nés d'une fille qui n'étaient pas les *heredes sui* de leur aïeul. Une exception est faite au profit des vétérans prétoriens.

Les enfants naturels, n'étant pas *heredes sui*, ne procuraient pas le *jus caduca vindicandi*. La loi devait et ne voulait récompenser que les mariages légitimes; il ne suffisait même pas que le mariage fût valable d'après le droit civil, il fallait encore qu'il ne fût pas contraire aux prohibitions nouvelles des lois caducaires. Ainsi, les enfants nés du mariage d'un sénateur avec une affranchie n'eussent pas procuré à leur père les faveurs de la loi. Remarquons cependant qu'un tel mariage produisait les effets civils ordinaires; les enfants qui en étaient nés tombaient *in potestate patris*, et avaient le droit de lui succéder en qualité d'*heredes sui*. C'est ce que dit un texte de Paul, tiré de la *Collatio legum Mosaicarum et Romanarum*. Après avoir défini ce que sont les *heredes sui*, le jurisconsulte ajoute : *Nec interest adoptivi sint an naturales, et secundum legem Juliam Papiamve quœsiti* (Paul, *Sent.*, VIII, 4).

Exclusion des successions ab intestat. — Les lois Julia et Papia Poppæa ne s'appliquaient pas aux successions *ab intestat*. Nous avons vu qu'elles avaient renoncé à punir le célibat et l'*orbitas* dans la personne des plus proches parents du *de cujus*, c'est-à-dire des cognats jusqu'au sixième degré; or, les héritiers *ab intestat* étaient compris tous, en droit romain, dans cette limite du sixième degré de cognation. Il était donc naturel que les lois caducaires ne s'appliquassent pas aux successions *ab intestat;* elles n'y eussent trouvé personne que leur sévérité pût atteindre. Cette exclusion résulte de la définition que nous donne Ulpien des *caduca* (*Reg.*, tit. XVII, § 1) : *Quod quis sibi* testamento *relictum*. Le même jurisconsulte dans un autre passage (*Règ.*, XXVI, § 5) et Paul dans ses *Sentences* (liv. 4, tit. 8, § 26), nous disent de même que l'antique droit d'accroissement était maintenu dans les successions *ab intestat*.

Les incapacités des lois caducaires ne s'appliquaient donc qu'aux successions testamentaires. Il fallait de plus qu'il y eût dans le testament au moins deux héritiers institués. Quand il y avait un héritier unique institué, comme on disait, *ex asse*, et que cet héritier était célibataire ou incapable pour une autre cause, le testament tout entier tombait faute d'une institution d'héritier valable, et il y avait lieu à l'ouverture de la succession *ab intestat*. L'application des lois caducaires était donc exclue (1). Il en était de même quand il y avait plusieurs héritiers dont aucun n'avait le *jus capiendi*. Mais si l'héritier unique était seulement *orbus*, il ne perdait que moitié de la succession, le testament subsistait et les lois caducaires reprenaient leurs droits. Cette règle nous explique une particularité qui sans cela pourrait paraître bizarre : la loi Papia, voulant multiplier les parts caduques, avait fait défense à l'héritier institué de faire adition dès le décès du testateur, si la formalité de l'ouverture des tables du testament n'était pas encore remplie, *ante apertas tabulas*. De cette manière, si cet héritier venait à mourir ou à perdre la cité romaine dans cet intervalle, sa part devenait caduque. Mais les textes nous apprennent que cette défense ne s'appliquait pas quand il n'y avait qu'un seul héritier (2) ; car elle eût été

(1) Gaïus, *Comm.*, II, 144. Les anciens auteurs avaient tiré la même doctrine des mots *ex parte heres* du tit. 17, § 1, des *Règles* d'Ulpien.

(2) L. 1, § 3, *De juris et facti. ign.* — L. 21, *in fine*, *De cond. et dem.*

impuissante à faire naître des parts caduques qui n'étaient pas possibles dans ce cas.

Des successions testamentaires. — Lorsqu'une succession testamentaire présentait des libéralités que pour une cause quelconque le bénéficiaire ne pouvait pas recueillir, ces parts défaillantes ne devenaient pas toujours des parts caduques, soumises aux dispositions des lois Julia et Papia. Justinien nous dit qu'on les distinguait en trois classes (1) : 1° les dispositions qui sont *pro non scriptis*; 2° celle qui sont *in causa caduci*; 3° les *caduca*.

I. *Des dispositions pro non scriptis.* — A leur égard, les anciennes règles avaient été gardées intactes et le *jus antiquum* avait été maintenu, comme il l'était exceptionnellement pour les ascendants et les descendants du testateur. Etait-ce une institution d'héritier qui était ainsi considérée *pro non scripta;* les cohéritiers du défaillant recueillaient sa part conformément aux anciennes règles du droit d'accroissement, sans distinction de célibataires ou de gens mariés, d'*orbi* ou de pères de famille. Etait-ce un legs qui rentrait dans cette catégorie ; le colégataire conjoint en recueillait le bénéfice suivant les mêmes principes. Dans ces deux cas, il y avait exemption des *onera*.

Quel est le caractère général propre à faire reconnaître les dispositions *pro non scriptis ?* C'est d'être une disposition telle que, *ab initio*, en supposant le testateur mort à l'instant même de la confection du testament,

(1) L. uniq., § 2, C., *De cad. toll.*

elle ne puisse d'aucune manière prendre effet. L'énumération des principaux cas qui peuvent se présenter fera bien comprendre notre pensée.

C'est 1° le cas où le gratifié était déjà mort lors de la confection du testament. Exemple : j'institue pour héritier ou pour légataire mon frère qui est en Syrie et dont j'ignore la mort, arrivée depuis quelques jours (1). Il en était de même si pour une cause quelconque le gratifié, quoique vivant, n'avait pas à cette époque la *testamenti factio*, parce qu'il était, par exemple, *peregrinus*, *servus pœnæ* (2), prisonnier chez l'ennemi sans que plus tard il ait pu revenir (3). Rangeons dans la même classe les institutions d'héritier ou les legs faits au profit des personnes incertaines, les corporations non privilégiées ou les posthumes externes.

2° La disposition faite au profit de l'esclave du testateur, si cet esclave n'était pas en même temps affranchi ou légué à un tiers. Il n'y avait pas *factio testamenti* avec cet esclave, et il y avait d'ailleurs impossibilité d'exécuter le legs (4).

3° L'institution ou le legs fait au profit de l'esclave d'autrui, si cet esclave est ensuite devenu la propriété du testateur, ou au profit d'une personne qui, du vivant

(1) L. uniq., § 2, C., *De cad. toll.* — L. 4, pr., *De his quæ pro non scriptis habentur.*

(2) L. 3, pr., *De his quæ pro non.*

(3) L. 4, § 1, *De his quæ pro non.*

(4) L. 76, *De her. inst.* — L. 4, C., *De legat.* — L. 17, *Quando dies legat.* Plus tard Justinien, sanctionnant l'opinion de quelques jurisconsultes anciens, décida que l'institution de l'héritier de l'esclave du testateur impliquerait son affranchissement tacite (L. 5, C., *De necess. serv.*— Inst., pr., *De hered. inst.*).

du testateur, devient *servus pœnæ* (1). On ne s'explique pas pourquoi, dans ces deux cas, la disposition était considérée comme non écrite et non pas comme caduque. Elle n'était pas en effet nulle *ab initio*, et si le testateur fût mort immédiatement, elle eût pu prendre effet. Il est certain, au surplus, que dans une hypothèse absolument identique, il y avait bien caducité, quand le gratifié, au lieu de devenir *servus pœnæ*, meurt, ou est fait *peregrinus* du vivant du testateur (2). Marcien, pour justifier sa décision, en donne une raison, qu'il formule comme un axiome : *Quæ in eam causam pervenerant a quo incipere non poterant pro non scriptis habentur* (3). Il ne paraît pas que cette règle eût été jamais bien rigoureusement suivie (4). Peut-être était-elle une de ces ruses imaginées par les jurisconsultes, et dont parle Justinien (5), pour éluder l'application des lois caducaires et maintenir dans le plus grand nombre de cas possibles le *jus antiquum*.

4° Le legs pur et simple fait à l'esclave ou au fils de famille de l'héritier institué. Il y a là une impossibilité d'exécution, car l'héritier est à la fois créancier et débiteur du legs (6).

5° Le legs d'une chose qui, par rapport au légataire,

---

(1) L. 3, §§ 1 et 2, *De his quæ pro non.*

(2) Ulp., *Reg.*, XVII, § 1.

(3) Quand une disposition arrive à un point tel qu'elle ne pourrait plus prendre naissance, il faut la considérer *pro non scripta.*

(4) Inst., § 14, *De legat.*

(5) L. uniq. princ., C., *De cad. toll.*

(6) Voir dans Gaïus, *Comm.*, II, 244, les controverses auxquelles cette hypothèse avait donné lieu.

n'est pas *in commercio*. Il y aura accroissement au profit des colégataires, s'ils en ont le *commercium*; à leur défaut, l'héritier, qu'il ait ou non des enfants, sera dispensé de l'acquitter; tel serait le legs fait au légataire, de sa propre chose (1).

6° Le sénatus-consulte Libonien défendait qu'un héritier ou un légataire fût employé à écrire le testament. Si cette règle avait été violée, la disposition était *pro non scripta*, mais un cohéritier ou un colégataire conjoint pouvait en profiter par le droit d'accoissement (2). On ne tenait pas compte non plus du legs fait *pœnœ nomine* (3); du legs consigné dans un codicille non confirmé par testament (4), ou fait *post mortem heredis* (5), *ante heredis institutionem* (6), etc., etc. Dans tous ces cas, il ne pouvait y avoir de colégataire au profit de qui le legs fût valable; mais tous les héritiers du moins étaient dispensés de l'acquitter, et non pas seulement ceux qui avaient des enfants, comme sous l'empire des lois caducaires. Il en est de même du legs révoqué, quoiqu'il y ait eu quelque doute sur ce point (7).

II. *Des dispositions qui sont in causa caduci.* — Les dispositions qui rentraient dans cette classe ne sont mentionnées que par Justinien (8). L'opinion la plus

---

(1) Inst. § 10, *De legat.* — L. 41, § 2, *De legat.* 1°.
(2) L. 1, *De his quæ pro non.* — Paul, *Sent.*, liv. II. tit. 6. § 14.
(3) Inst., *De legat.*, § 37.
(4) Gaïus, II, 270. — Ulpien, *Règ.*, XXV, 8.
(5) Gaïus, II, 232 et 271. — Ulpien, *Règ.*, XXV, 16 et 20.
(6) Gaius, II, 229. — Ulpien, *Règ.*, XXIV, 15.
(7) L. 14, pr., *De leg.* 1. — L. 2, § 2, *De jur. codicill.*
(8) L. uniq., § 2, C., *De cad. toll.*

générale est qu'elles étaient traitées comme les parts caduques proprement dites, soit que les lois Julia et Papia les eussent expressément soumises à leurs règles, soit que cette assimilation eût été l'œuvre d'une jurisprudence ultérieure. La preuve en est dans leur nom lui-même, qui indique qu'on les considérait comme des caduques. On peut ajouter à l'appui de cette doctrine deux textes du Digeste, les lois 24 et 25, *De her. inst.*

Les dispositions qui sont *in causa caduci* sont celles qui ne deviennent inefficaces que par un fait postérieur à la confection du testament, mais antérieur à la mort du testateur. Cette nuance seule les sépare des dispositions *pro non scriptis,* qui, dès la confection du testament, sont nulles, et le plus sage eût été assurément de les traiter de même. Voici les principaux cas qui rentrent dans cette classe :

1° L'institution d'héritier ou le legs fait à une personne qui meurt après la confection du testament, mais du vivant du testateur (1).

2° Justinien signale un second cas de disposition *in causa caduci*, qui donne lieu à quelque difficulté : c'est celui où une libéralité testamentaire devenait nulle par le fait que la condition à laquelle elle était subordonnée devenait impossible dès le vivant du testateur. Je choisis Titius pour mon héritier ou mon légataire, si tel navire accomplit heureusement tel voyage, et de mon vivant même le navire périt corps et biens; cette décision, qu'il faut bien admettre sur la foi de Justinien, peut paraître

(1) L. uniq., § 2, C., *De cad. toll.*

bizarre, et il eût été plus conforme aux principes de ranger cette disposition parmi celles qui sont *pro non scriptis*. Une disposition conditionnelle a son existence même subordonnée à l'avénement de la condition, et si celle-ci fait défaut, elle est présumée n'avoir jamais existé, avoir été nulle *ab initio*, ce qui rentre précisément dans la définition des libéralités qui sont *pro non scriptis*. Il eût donc été plus naturel de faire profiter de la part défaillante tous les héritiers indistinctement, et non pas seulement les *patres*. C'est en ce sens même que certains textes semblent décider, tels que la loi 26, § 1, *De cond. et dem.*, et la loi 31 du même titre. Il est probable que ces principes d'une saine jurisprudence furent abandonnés plus tard, comme l'atteste le texte de Justinien.

Quoique les parts quasi-caduques soient traitées comme les caduques elles-mêmes, on conçoit qu'on les ait distinguées les unes des autres. En effet, le mot de caduques ne pouvait guère s'appliquer exactement aux dispositions dont nous venons de nous occuper. Ulpien, dans le titre XVII de ses *Regulæ*, sous la rubrique *De caducis*, nous indique le sens de ce mot *caducum*. C'est comme un bien qui tombe, qui échappe aux mains de celui qui le tient, *caducum appellatur, veluti ceciderit ab eo*. Or, cette idée suppose que ce droit était déjà déféré, fixé d'une manière quelconque sur la tête de celui qui s'en voit privé. Le caduc proprement dit, nous le verrons tout à l'heure, est précisément cette disposition qui, après la mort du testateur seulement, est privée d'effet pour une cause quelconque. Le quasi-caduc, qui, du vivant du testateur même, est atteint de nullité, n'a jamais été déféré à personne et n'a donc aucun caractère de la caducité. Cependant, comme cette distinction était toute théorique et n'avait pas d'intérêt en pratique, Ulpien ne la reproduit pas dans le titre 17 de ses *Regulæ*, où la définition générale qu'il donne des *caduca*, et que nous adopterons, comprend aussi les parts quasi-caduques.

III. *Des caduca.* — Toute disposition qui, valable *ab initio*, venait plus tard à défaillir pour une cause quelconque, était caduque et soumise aux règles de la *caducorum vindicatio*. Cette définition générale est donnée par Ulpien au § 1 du titre 17 de ses *Regulæ*. Voici ce texte important, que nous allons avoir à étudier : *Quod quis sibi testamento relictum ita ut jure civili capere possit, aliqua ex causa non ceperit, caducum appellatur, veluti ceciderit ab eo; verbi gratia, si cœlibi vel Latino Juniano legatum fuerit, nec intra dies centum vel cœlebs legi paruerit, vel Latinus jus Quiritium consecutus sit; aut si ex parte heres scriptus vel legatarius ante apertas tabulas decesserit, vel pereger factus sit.*

Remarquons tout d'abord que les différentes hypothèses présentées dans ce texte ne le sont qu'à titre d'exemple, *verbi gratia*. Ceci condamne la doctrine de Cujas, qui ne reconnaissait que cinq cas de caducité, savoir, les quatre mentionnés dans notre texte, et un cinquième quand, la disposition étant conditionnelle, la condition vient à défaillir après la mort du testateur. Pour prouver que l'énumération d'Ulpien n'est pas complète, il suffit de mentionner deux hypothèses qui ne s'y trouvent pas et qui cependant faisaient sûrement des parts caduques : 1° le legs ou l'institution fait au profit d'un *orbus ;* 2° la libéralité faite par un conjoint à son conjoint contre les restrictions de la loi Papia.

Ulpien ne cite que des cas de caducité provenant des incapacités créées par les lois nouvelles. Il est des jurisconsultes qui en ont conclu que toutes les fois que la défaillance d'une disposition tient à une règle de l'ancien droit, cette disposition ne devient pas caduque, mais que sa dévolution se fait alors selon les règles du *jus antiquum ;* en un mot, il n'y aurait de parts caduques que celles qu'on ne peut recueillir parce qu'on tombe en quelques points sous les déchéances des lois caducaires. Ce système, qui restreint singulièrement l'application de la *caducorum vindicatio*, est inspiré de Cujas et mérite d'être examiné.

Il donne une singulière importance à l'*apertura tabularum*, introduite par la loi Papia ; car, prenant à la lettre le texte d'Ulpien, *aut si ex parte heres*..., il pense que quand l'héritier meurt ou est fait pérégrin après l'*apertura tabularum* et avant l'adition, sa part n'est pas caduque, mais est soumise au *jus antiquum*, si bien que l'*apertura tabularum* était comme un délai fatal pour les priviléges des *patres*.

L'ouverture des tables du testament se faisait, au témoignage de Paul dans ses *Sentences* (liv. 4, tit. 6), dans un bref délai, d'ordinaire trois ou cinq jours après la mort du testateur. La loi Papia, en tête de ses dispositions même (1), déclara que désormais les hérédités ne seraient plus déférées à la mort du testateur, mais seulement à

(1) L. uniq., § 1, *De cad. toll.*

l'ouverture des tables du testament, c'est-à-dire que les héritiers ne pourraient plus faire adition avant l'accomplissement de cette formalité. Par voie de conséquence, le *dies cedit* des legs pur et simple, c'est-à-dire l'instant où le droit des légataires prend naissance, fut reculé jusqu'au même moment (1), ce qui paraît avoir été l'œuvre d'un sénatus-consulte postérieur à la loi Papia. Quel était le but de cette innovation de la loi Papia? Était-ce principalement, comme on le dit souvent, de multiplier les parts caduques? C'en était là assurément un des effets; car un héritier ou un légataire mourant dans l'intervalle qui sépare le décès du testateur de l'*apertura tabularum*, ou bien subissant une déchéance comme la *servitus pœnæ* ou la perte de la cité, se voyait privé de la libéralité qui lui avait été faite, sans avoir eu aucun moyen d'éviter cette perte. Mais nous ne croyons pas cependant que ce fût là le motif qui avait déterminé la loi. La création de ces *caduca* nouveaux était bien incertaine, car le délai entre le décès et l'ouverture des tables était bref, et la vigilance intéressée des parties devait le réduire encore. D'autre part, s'il y avait pour les *patres* chance de recueillir ainsi quelques *caduca* inespérés, la mort pouvait aussi les surprendre, eux ou leurs enfants, sources de leur privilége, avant l'*apertura tabularum*, et leur enlever à leur tour tous leurs droits. Il est probable que la loi avait voulu amener les parties à hâter l'*apertura tabularum* dans l'intérêt du fisc lui-même, qui avait à percevoir sur les successions l'impôt connu sous le nom de

(1) Ulpien, *Règ.*, XXIV, 31.

vicesima hereditatum (1). C'était aussi un moyen d'assurer la conservation des testaments (2).

Il ne faut donc pas exagérer l'importance attribuée par la loi Papia à l'*apertura tabularum*. On ne peut pas croire qu'une législation qui avait imaginé tant de moyens énergiques d'encourager la paternité eût restreint dans de si chétives limites les parts qu'elle voulait attribuer comme primes aux *patres*. C'est enlever toute harmonie à cette œuvre des lois caducaires, dont les dispositions minutieuses révèlent tous les soins du législateur. Un legs ou une hérédité fait défaut du vivant même du testateur, parce que, par exemple, le gratifié meurt ou est fait esclave ; sa part quasi-caduque sera attribuée aux *patres*. Même résultat, si la défaillance survient dans les quelques jours qui suivent la mort du testateur et qui précèdent l'*apertura tabularum ;* puis, après cette

---

(1) Cet impôt établi par Auguste était contemporain des lois caducaires. Dion Cassius dit à ce sujet (LV, 25) : « Auguste ordonna que le vingtième des hérédités et des legs, à l'exception de ceux qui venaient de proches parents ou de personnes pauvres, fût versé dans l'ærarium militare. Il allégua avoir trouvé la mention de cet impôt dans les *Commentaires de César*. Il avait été en effet établi précédemment, puis abandonné, et fut enfin rétabli par ce prince. » Caracalla le porta au dixième de la succession. Son successeur Macrin rétablit les choses comme précédemment. Ce taux du vingtième (5 p. %), paraît modéré, si on le compare au tarif souvent beaucoup plus lourd qu'on trouve dans nos lois, appliqué à l'impôt des successions.

(2) Ajoutons que cette innovation de la loi Papia ne s'appliquait pas aux *liberi in potestate*, qui, institués par leur ascendant, acquéraient la succession sans faire adition, vu leur qualité d'héritiers siens (L. 14, *De suis et leg.* — L. 3, C., *De jure delib.*). Une constitution de Théodose et Valentinien en exempta de même les enfants hors puissance, institués héritiers, qui, mourant avant la *tabularum apertura*, ne pouvaient transmettre la succession à leurs propres enfants (L. uniq., C., VI, 52. — L. uniq., C., *De cad., toll.*, § 5).

formalité d'une importance fort médiocre, tout change. Les parts nouvelles qui font défaut ne sont plus attribuées aux *patres*, ces favoris de la loi, et le *jus antiquum* est ressuscité à leur égard. Un tel résultat, proposé par le système adverse, est évidemment inadmissible.

La doctrine que nous soutenons a d'ailleurs pour elle des textes formels :

1° Le § 21, titr. 1, des *Règles d'Ulpien*. Il y est dit que la loi Papia Poppæa rend caduque la part de l'héritier qui ne fait pas adition *(legem Papiam Poppœam quœ partem non adeuntis caducam facit)*. Or, l'adition d'hérédité ou la répudiation n'étaient possibles sous les lois caducaires qu'après l'*apertura tabularum*, et le texte déclare expressément que la disposition qui fait ainsi défaut après cette formalité était caduque. Le texte ajoute d'ailleurs que cette part caduque est dévolue aux *legatarii patres*, ce qui suppose nécessairement que l'ouverture du testament a été faite, puisque c'est à ce moment-là seulement que le droit du légataire prend naissance par l'avénement du *dies cedit*.

2° Les §§ 12 et 13, titre 24, des *Règles d'Ulpien*. Le jurisconsulte, exposant les règles de l'accroissement entre colégataires, dit que lorsqu'un des deux colégataires faisait défaut, il y avait dans l'ancien droit accroissement au profit du survivant, et que sous l'empire des lois caducaires la part du défaillant devient caduque. Il ne s'inquiète pas de l'époque à laquelle a eu lieu la défaillance, et son langage précis indique que la *caducorum vindicatio* a remplacé dans tous les cas le droit d'accroissement.

3° Cette substitution complète du *jus caduca vindicandi* au droit d'accroissement est aussi exprimée par Gaïus (II, 206), et cet accord des deux jurisconsultes à ne faire aucune distinction quant à l'application de la règle qu'ils énoncent, prouve qu'elle était absolue (1).

Le *jus caduca vindicandi*, accordé aux *patres* comme une faveur, ne leur était jamais imposé par la loi. Ils étaient libres d'en répudier le bénéfice quand il devait tourner à leur désavantage (2). C'était encore un des cas où le droit d'accroissement avec ses règles anciennes reprenait son application. Exemple : un testateur a institué pour son héritier un *pater* et deux *cœlibes;* la succession est insolvable. Le *pater* et un des célibataires acceptent la succession, le troisième la répudie. Si on applique les règles du *jus caduca vindicandi*, le *cœlebs* est exclu de la succession, dont les dettes seront toutes à la charge du *pater*. Celui-ci se gardera bien d'invoquer son onéreux privilége et, selon les anciennes règles, la succession aura deux héritiers, qui partageront les dettes qu'ils ont eu l'imprudence d'accepter. Le profit d'une institution d'héritier caduque était recueilli dans la forme

(1) *Adde* L. 55, pr., *De legat.*, 2°, et la L. 12, pr., *De legat.*, 1°. La doctrine que nous venons d'exposer est consignée par M. Machelard (*Dissertation sur le droit d'accroissement*). — Holtius (*Lineamenta historiæ juris romani*, n° 594. Utrecht, 1840. — Walter (*Histoire du droit romain*, tome II, n° 649). — Huschke, article de critique sur Schneider, dans le *Recueil allemand* : Richters-Jarbücher, 1838.

(2) Si cependant c'était par délicatesse que les *patres* qui, les premiers, avaient droit à la *caducorum vindicatio*, se refusaient à l'exercer, les employés du fisc, de qui on n'avait pas à redouter de tels scrupules, avaient mission de réclamer pour le trésor public les parts caduques.

ordinaire de la pétition d'hérédité. Quant aux legs caducs, l'expression de *caducorum vindicatio* peut faire supposer qu'il y avait toujours une action réelle à la disposition de celui qui y avait droit. M. Machelard, partant de l'idée que le bénéfice des parts caduques est attribué comme par l'effet d'une substitution légale, pense au contraire que l'action était la même que celle qu'aurait eue le légataire défaillant, c'est-à-dire qu'elle était réelle ou personnelle, selon que le legs était *per vindicationem* ou *per damnationem*.

Du legs d'usufruit. — Une particularité remarquable du legs d'usufruit, est qu'il resta soumis au droit d'accroissement. Ceci ne veut pas dire que les incapacités des lois Julia et Papia ne s'y appliquaient pas, et qu'un legs d'usufruit fait à un *cœlebs* ou à un *orbus* était maintenu intact. Toutes les causes de déchéance créées par les lois caducaires y recevaient leur application (1). Mais quand il s'agissait de faire la répartition des parts qui défaillaient ainsi, au lieu de suivre les règles de la *caducorum vindicatio*, on se référait aux anciens principes du droit d'accroissement. En voici le motif : l'usufruit est un droit essentiellement attaché à la personne au profit de qui il est constitué. Il meurt avec elle, et le droit romain ne pouvait admettre l'idée qu'il pût, d'une manière quelconque, être transféré de cette personne à

(1) Voilà pourquoi nous n'avons pas rapproché ce que nous avons à dire du legs d'usufruit de l'exception relative aux successions *ab intestat*, qui est en tête de ce chapitre. Les successions *ab intestat* étaient bien réellement exemptées des incapacités des lois Julia et Papia, et non pas seulement des règles d'attribution des *caduca*.

une autre qui n'y avait pas droit. Or, la répartition des parts caduques dans le système des lois nouvelles entre les *patrès*, reposait précisément sur l'idée d'une substitution faite par la loi, à leur profit, aux droits de ceux qui étaient frappés de déchéance. C'est cette idée de substitution qui avait paru inapplicable au legs d'usufruit, et ce respect des principes avait suffi pour faire établir à son égard une exception aux lois nouvelles. Cette exception s'appliquait sans doute aussi aux legs des autres servitudes personnelles, par exemple, de l'usage ou des servitudes prédiales. Ces régles particulières de l'accroissement dans le legs d'usufruit expliquent l'introduction au Digeste d'un titre spécial : *De usufructu adcrescendo.* Cette matière est développée aussi dans les §§ 75 et 93, malheureusement fort mutilés, des *Vaticana fragmenta.* Ces règles du droit d'accroissement, tel qu'il s'appliquait à tous les legs antérieurement aux lois caducaires, et seulement au legs d'usufruit à partir de cette législation nouvelle, seront étudiées dans le chapitre suivant, § 3. Les textes que nous venons de citer nous seront utiles pour retrouver la doctrine générale dont ils ne font plus application qu'au legs d'usufruit.

Une autre singularité du legs d'usufruit est rapportée en ces termes par Ulpien, § 77, *Fragm. Vaticana :* « On « trouve dans le legs d'usufruit une règle qu'Atilicinus « n'admettait pas dans ses réponses au témoignage d'Au« fidius de Chio. L'usufruit, même quand il a été consti« tué, comporte encore le droit d'accroissement s'il « vient à se perdre. Tous les jurisconsultes convinrent « de cette doctrine chez Plantius, et Celsus et Julien di« sent élégamment à ce sujet : le legs et la constitution

« d'usufruit sont pour ainsi dire quotidiens, tandis que « dans le legs de la propriété elle se réalise seulement au « jour où a lieu la *vindicatio*. Toutes les fois donc que le lé- « gataire d'un usufruit ne trouve plus personne qui con- « coure avec lui, il obtient l'usufruit tout entier (1). » Voici l'espèce : Un legs d'usufruit est fait à plusieurs personnes; tous le recueillent, puis, dans l'espace de quelques années, plusieurs des usufruitiers meurent : il y a accroissement au profit des autres, jusqu'à ce que le dernier survivant réunisse sur sa tête tout l'usufruit, qui ne fera retour au nu-propriétaire qu'à sa mort. Cet accroissement après la constitution de l'usufruit lui-même, est une véritable anomalie. Le jurisconsulte l'explique en disant que le legs d'usufruit est successif; que c'est comme la réunion d'une série de legs qui prennent naissance l'un après l'autre, et qu'à l'égard de chacun d'eux il faut appliquer l'idée qu'un concours seul doit restreindre la part de chaque colégataire. On peut répondre que cette théorie d'une répétition quotidienne du droit avait été expressément écartée à d'autres égards par la jurisprudence romaine. On ne reconnaissait qu'un seul *dies cedit* pour le legs d'usufruit, à moins qu'il n'eût été fait expressément *in dies, vel menses, vel annos singulos* (2). Et en effet, l'usufruit se conçoit très-bien comme un droit unique. L'exercice seul se compose d'actes successifs, mais on peut en dire autant de la pleine propriété, qui se résume aussi en une série d'actes de jouissance. La règle admise par les jurisconsultes romains à

(1) Justinien reproduit cette doctrine, L. 1, § 3, *De usuf. adcre.c.*
(2) L. 4, *De ann. leg.* — L. uniq., pr., *Quando dies legat.*

cet égard est donc blâmable, et nous ne croyons pas qu'il faille la reproduire en droit français, comme le proposait Pothier (1).

CHAPITRE VII.

ORDRE DE DÉVOLUTION DES PARTS CADUQUES.

Nous avons à rechercher d'après quelles règles s'opérait la dévolution des *caduca*. Nous diviserons tout d'abord cette matière en deux parties : les personnes gratifiées par un testament dont la part devient caduque, peuvent être ou des héritiers ou des légataires et fidéicommissaires. S'il existe pour ces deux cas différents des règles communes, il y en a aussi de spéciales qu'il importe d'étudier avec soin. Ainsi, nous aurons à examiner d'abord la dévolution des hérédités, et ensuite celle des legs et fidéicommis.

§ 1er. — *Du droit d'accroissement entre cohéritiers antérieurement aux lois caducaires.*

L'expression droit d'accroissement, dans le langage le plus exact, devrait s'appliquer à toute occasion où un héritier ou un légataire se trouve prendre une part plus forte que celle qui lui est laissée directement par le tes-

---

(1) *Traité des donations testamentaires*, ch. 6, sect. 5, § 3, n° 346. — M. Bugnet, dans ses notes, blâme cette décision (t. VIII, p. 325, note 1).

tament. En ce sens, toute dévolution des *caduca*, d'après les lois Julia et Papia, excepté cependant lorsqu'elle s'exerce au profit de l'*ærarium*, qui n'a rien reçu du testateur, mériterait ce nom. On lui donne dans le langage ordinaire une autre signification ; il représente les anciennes règles d'après lesquelles on faisait la dévolution d'un legs ou d'une hérédité vacante, et on l'oppose aux règles nouvelles établies par les lois caducaires. On dit, par exemple, que dans certains cas exceptionnels, tels que le legs d'usufruit, le droit d'accroissement fut maintenu sous l'empire de ces lois.

Avant les lois caducaires, quand un héritier pour une cause quelconque, le refus de faire adition par exemple, ne pouvait recueillir l'hérédité qui lui était dévolue, deux situations diverses pouvaient se présenter :

1° Ou bien cette personne était le seul héritier institué, et alors le testament tombait tout entier et il y avait lieu d'attribuer la succession aux héritiers *ab intestat;*

2° Ou bien, au contraire, il y avait plusieurs héritiers, et alors le testament ne cessait pas de produire son effet. La part défaillante n'appartenait pas aux héritiers du sang, comme cela aurait lieu en droit français, car une règle toute arbitraire du droit romain était que les deux hérédités, testamentaire et *ab intestat*, ne peuvent jamais se présenter ensemble. Il y avait *accroissement* au profit des autres héritiers *institués*.

Dans quel ordre s'opérait cet accroissement? La règle peut se formuler ainsi :

1° L'accroissement avait lieu d'abord au profit des cohéritiers qui étaient *conjuncti* avec le défaillant;

2° A leur défaut seulement, les autres héritiers y étaient appelés (1).

Quand y avait-il *conjunctio* entre les héritiers? Il y avait *conjunctio :* 1° quand la même portion héréditaire était laissée à plusieurs personnes par une seule et même phrase. C'est la *conjunctio re et verbis*, c'est-à-dire qui existe et dans les termes et dans l'objet de la disposition. Exemple : *Lucius heres esto; Titius et Mœvius ex parte dimidia heredes sunto.* Titius et Mœvius sont *conjuncti re et verbis* pour la moitié de la succession. Qu'un d'eux fasse défaut, et l'autre recueillera par droit d'accroissement sa part défaillante, sans que Lucius y ait aucun droit (2).

2° Il a encore *conjunctio*, quand la même part héréditaire est laissée à plusieurs personnes, mais par deux membres de phrase distincts. C'est la *conjunctio re tantum*. Exemple : *Lucius heres esto; Titius ex parte dimidia heres esto; ex qua parte Titium institui, Mœvius heres esto.* Titius et Mœvius sont *conjuncti re* pour la moitié de la succession, et si l'un d'eux fait défaut, l'autre prendra seul toute sa part (3).

Il n'y a pas *conjunctio* donnant lieu à l'accroissement, quand le testament est ainsi conçu : *Lucius heres esto. Titius et Mœvius æquis ex partibus heredes sunto*, quoiqu'on dise quelquefois qu'il y a dans ce cas entre Mœvius et Titius *conjunctio verbis*. En réalité, il n'y a *con-*

---

(1) Celsus, L. 59, § 3, et Javolenus, L. 63, *De her. inst.*, 28, 5.

(2) Paul, L. 142, *De verb. sign.*, 50, 16. — Celsus, L. 59, § 2, *De hered. inst.*

(3) Paul, L. 142, *in fine*, *De verb. sign.*

junctio que dans les mots ; ce n'est pas la même chose, *eadem res*, qui a été laissée à Titius et à Mœvius, puisque le testateur a pris soin lui-même d'opérer le partage entre eux par ces mots *æquis partibus* (1).

Ajoutons qu'entre la *conjunctio re et verbis* et la *conjunctio re* donnant lieu toutes deux à l'accroissement privilégié, il y a un ordre de préférence à établir ; si l'héritier qui vient à faire défaut avait à la fois un *conjunctus re et verbis* et un *conjunctus re*, le premier exclut le second.

L'accroissement entre héritiers était forcé, c'est-à-dire que l'héritier qui y avait droit n'avait pas la faculté de s'en tenir à sa propre part, et de refuser celle qui lui était adjointe. S'il eût pu la répudier, il eût fallu l'attribuer aux héritiers *ab intestat*, et ce résultat était impossible dans les idées romaines. Ce principe de l'accroissement forcé est exprimé dans le brocard suivant : *Portio portioni accrescit* (2).

Si des legs ou autres charges avaient été imposés par le testateur aux héritiers en général, celui d'entre eux

---

(1) Pomponius, L. 66, *De hered. inst.*

(2) Paul, *Sent.*, liv. III, tit. 6, § 12. — Julien, L. 26, § 1, *De cond. et dem.* Ce principe de l'accroissement forcé comportait cependant deux exceptions : 1° quand un mineur de 25 ans, qui avait fait adition d'une hérédité insolvable, était restitué *in integrum*, sa part n'accroissait pas nécessairement à son cohéritier, à qui le bénéfice de la restitution instituée par le préteur eût injustement imposé des charges sur lesquelles il ne devait pas compter. Il était libre de répudier cet accroissement, et alors les créanciers de la succession étaient envoyés en possession de la part du mineur, en vertu d'un rescrit de Sévère (Macer, L. 61, *De acq. vel omitt. her.*) ; 2° il en était de même quand un héritier sien usait du bénéfice d'abstention. Son cohéritier ne devait pas non plus souffrir de cette innovation du préteur, et il pouvait répudier l'accroissement.

qui par droit d'accroissement recueillait la part défaillante d'un de ses cohéritiers, ne pouvait se dispenser d'acquitter la portion des charges que cette part devait supporter. Il était de toute justice que recueillant le bénéfice, il en subît les restrictions. En ce sens, on peut dire que l'accroissement se faisait *cum onere*. Mais, si les legs ou autres charges avaient été imposés tout spécialement à l'héritier défaillant, celui qui recueillait sa part par droit d'accroissement n'en était pas tenu. On justifiait cette solution assez injuste par le principe suivant : *Portio portioni potius quam personæ accrescit*, et on disait en ce sens que l'accroissement a lieu *sine onere* (1).

§ 2.—*Devolution des hérédités caduques sous l'empire des lois Julia et Papia Poppæa.*

Nous avons vu que les parts caduques dans le système des lois caducaires devenaient une récompense attribuée à la paternité. Parmi ceux qui étaient gratifiés dans le testament en qualité d'héritiers ou de légataires, ceux-là seuls qui avaient des enfants pouvaient réclamer ces parts, et ils exerçaient ce droit dans l'ordre suivant :

1° Les *coheredes conjuncti* de celui dont la part devenait caduque :

2° La masse des autres cohéritiers du défaillant ;

3° Les légataires qui avaient des enfants ;

4° L'*ærarium* ou trésor public.

(2) Celse, L. 29, §§ 1 et 2 *De legat*, 2°. — Paul L. 1, § 13, *Ad leg. Falc.*

I. Dans quel ordre les *coheredes conjuncti* recueillaient-ils les hérédités caduques? C'est là une des questions les plus délicates de la matière. Nous pensons qu'ils les recueillaient dans le même ordre que celui qui était suivi à leur égard dans l'ancien droit d'accroissement pour l'attribution des parts défaillantes, c'est-à-dire qu'il faut établir entre eux les degrés suivants :

1° Ceux qui sont *conjuncti re et verbis;*

2° Les *conjuncti re;* les héritiers *conjuncti verbis tantum*, c'est-à-dire avec assignation de parts, n'y ayant aucun droit. C'est là l'opinion de Mühlenbruck, et elle a été savamment développée par M. Machelard dans sa dissertation sur le droit d'accroissement.

Dans l'opinion contraire qui est la plus répandue (1), une innovation grave aurait été faite aux règles de l'accroissement par les lois caducaires. Les héritiers conjoints qui ont droit aux *caduca* seraient :

1° Les *conjuncti re et verbis.*

2° Les *conjuncti verbis tantum.* Les *conjuncti re* n'y auraient aucun droit.

Voici l'argumentation de ce système : un texte fameux, la loi 89, *De legatis*, 3°, sur laquelle nous aurons a revenir bientôt, déclare expressément que dans la dévolution des legs caducs, le colégataire *verbis tantum conjunctus* avait droit à l'accroissement comme le *conjunctus re et verbis*, tandis que le colégataire qui a la

(1) Elle est professée en France par MM. Ducaurroy, Ortolan, Etienne, De Fresquet, D'Hautuille (*Essai sur le droit d'accroissement* ; thèse de doctorat à la faculté d'Aix 1834) ; — en Hollande, par M. Holtius ; — en Allemagne, par MM. Rudorff, Schneider, Huschke, de Wangerow.

conjunctio re seulement en était exclu. Or, dit-on, on doit supposer que ce système qui est une innovation des lois caducaires, a été appliqué, quelque bizarre qu'il soit, aussi bien aux hérédites qu'aux legs.

Quant à justifier ce système, les auteurs eux-mêmes qui l'adoptent y sont impuissants. Ils reconnaissent que le droit d'accroissement et la *caducorum vindicatio* ont dû toutes deux, pour établir le privilége spécial des *conjuncti*, rechercher quelle a été l'intention probable du testateur lorsqu'il a employé les diverses formules de *conjunctio* qu'on trouve dans les testaments. Ils reconnaissent encore qu'en interrogeant avec soin cette intention, on doit décider que la *conjunctio re* est l'indice d'une libéralité plus étendue que la *conjunctio verbis*. La *conjunctio re* (*Lucius heres esto, Mœvius heres esto* indique chez le disposant la volonté d'assurer à chacun de ses héritiers, Mœvius et Titius, sa succession en entier, si le concours de tous les deux ne vient pas réduire leur part; la *conjunctio verbis* au contraire (*Lucius heres esto, Mœvius et Titius œquis ex partibus heredes sunto*), montre qu'il a voulu réduire à tout événement Mœvius et Titius à n'avoir chacun que la moitié de la part qu'il leur attribue en commun. L'ancien droit d'accroissement avait fait sagement l'application de ces principes, et on ne s'imaginerait pas par quelle bizarrerie les lois caducaires les auraient abandonnés.

Ces considérations nous ont fait penser que cette doctrine devait être rejetée et qu'il fallait restreindre la portée de la loi 89, *De legatis*, aux legs dont elle fait mention seulement.

Ajoutons un autre argument. Il semble bien résulter

du § 207 du Commentaire II de Gaius que la loi Papia avait seulement dit pour les hérédites comme pour les legs, que le cohéritier ou le colégataire *conjunctus* passerait au premier rang; la jurisprudence avait eu pour mission d'interpréter l'expression de la loi, *heres conjunctus*. Or, la loi 142, *De verborum significatione*, est le commentaire donné par Paul du sens de ces mots, car, il est tiré, comme cette célèbre loi 89, *De legatis*, 3°, de son commentaire *Ad legem Juliam et Papiam*. Paul y passe en revue les différentes sortes de *conjunctio*, et il n'hésite pas à considérer la *conjunctio re* entre héritiers comme une *conjunctio* véritable et sérieuse. Il n'est pas douteux qu'en son opinion elle ne dût participer au bénéfice de la loi Papia (1).

Tel est le système le plus raisonnable auquel nous pensons qu'il faut s'arrêter. L'exclusion de la *conjunctio re* en matière de legs, attestée par la loi 89, *De legatis*, 3°, n'est plus qu'une anomalie d'interprétation que nous aurons plus loin à expliquer.

II. A défaut d'*heres conjunctus*, tous les autres héritiers ayant des enfants prenaient la part du défaillant, et ils se la partageaient probablement au prorata de leur portion héréditaire. Il pouvait exister des héritiers n'ayant pas d'enfants qui ne recueilleraient pas ce profit : ce serait les *solidi capaces* dont nous avons parlé plus haut. Mais, s'ils avaient le *jus antiquum*, ils y prendraient part comme les *patres*, dans l'opinion du moins que nous avons admise, et cette observation s'applique

---

(1) *Adde* Ulpien, L. 15, *De her. inst.* — Celse, L. 80, *De leg.*, 3°.

de même, si ceux qui jouissaient de ce droit étaient *coheredes conjuncti*.

III. — A défaut d'héritiers ayant des enfants ou jouissant du *jus antiquum*, les légataires *patres* recueillaient les parts caduques. Cette disposition arbitraire qui attribue, hors de toutes les prévisions du testateur, la succession elle-même à celui à qui il n'a voulu laisser qu'un legs peut-être modique, est une des règles les plus bizarres qu'on trouve dans les lois nouvelles. Il est vrai qu'il fallait des circonstances toutes spéciales pour que le légataire jouît de cette faveur; il fallait qu'il n'existât aucun héritier *pater*, sans quoi le légataire eût été exclu et de plus qu'il existât cependant un héritier *solidi capax* par qui le testament pût prendre effet (Ulpien, *Règles* I, 21).

IV. — Enfin, à défaut d'héritiers ou de légataires ayant des enfants, l'*ærarium* ou trésor public recueillait les parts caduques. C'était là le côté fiscal de la loi. Tacite dit ironiquement à ce sujet : « A défaut de pères exerçant leur privilége, le peuple, en sa qualité de père com- « mun de tous les citoyens, recueillait les parts vacan- « tes » (1).

§ 3. — *Du droit d'accroissement entre colégataires antérieurement aux lois caducaires.*

En principe, lorsqu'un légataire ne peut recueillir la libéralité qui lui a été faite, ce sont les héritiers qui sont

(1) *Annales*, II, 28 : « .....Ut si a privilegiis parentum cessaretur, velut parens omnium populus vacantia teneret.

chargés d'acquitter le legs qui profitent de cette défaillance ; leur part héréditaire se trouve augmentée d'autant.

Cependant cette règle souffrait exception : 1° quand un second légataire était substitué au premier pour le cas où celui-ci ferait défaut.

2° Quand il y avait plusieurs colégataires à qui le même legs était attribué. La défaillance de l'un profitait alors aux autres, en leur évitant un concours qui eût réduit la part de chacun. C'est là le principe du droit d'accroissement aussi bien entre les héritiers qu'entre les légataires, comme l'atteste Ulpien dans la loi 3, pr., *De usufr. adcresc.* : *Totiens jus accrescendi est, quotiens in duobus qui in solidum habuerunt concursu divisus est.*

Nous avons à établir les règles du droit d'accroissement entre colégataires. Ces règles variaient selon la nature du legs et se conformaient aux distinctions ingénieuses que les jurisconsultes romains avaient établies entre les diverses formules dont un testateur pouvait se servir.

1° Dans le legs *per vindicationem*, quand la même chose était léguée à deux personnes, il y avait accroissement pour chacune d'elles si l'autre faisait défaut, sans distinguer si le legs avait été fait *conjunctim* ou *disjunctim*. Soit un legs *per vindicationem* fait *conjunctim* en cette forme : *Titio et Seio hominem Stichum do lego*, et un autre fait *disjunctim* de cette manière : *Lucio Titio hominem Stichum do lego; Seio eumdem hominem do lego.* Dans les deux cas, chacun des légataires a droit à tout l'esclave si l'autre fait défaut, et le concours seul restreint leurs droits (1).

(1) Gaïus, II, 199. — Ulpien, *Règ.*, XXIV, 12. — *Fragm. Vaticana*, 77, *initio* et 75.

Si cependant il y avait seulement *conjunctio verbis : Titio et Seio hominem Stichum æquis partibus do lego*, chacun des légataires n'aurait jamais droit qu'à moitié du legs ; la défaillance de l'un profiterait à l'héritier qui ne devrait payer que moitié de l'estimation de l'esclave à celui dont le legs produit son effet. Les jurisconsultes pensaient que les expressions *æquis partibus* employées par le testateur, indiquaient de sa part l'intention de restreindre dans tous les cas les droits de chacun des légataires à moitié de la chose léguée.

II. — Dans le legs *per damnationem*, il n'y avait jamais de droit d'accroissement. Supposons un legs *conjunctim* ainsi conçu : *heres meus hominem Stichum Titio et Seio dare damnas esto;* ou *disjunctim : heres meus Stichum hominem Titio dare damnas esto*; *eumdem hominem Seio dare damnas esto.* Le caractère propre du legs *per damnationem* est de faire naître pour le légataire un droit de créance contre l'héritier, qui est obligé à lui faire obtenir le bénéfice du legs. Le legs *per vindicationem* au contraire transfère immédiatement au légataire la propriété de la chose léguée. Cela étant dans le legs *per damnationem* fait *conjunctim* ci-dessus, comme c'est le propre des créances de se diviser de plein droit entre les divers créanciers ou débiteurs, Titius et Séius n'ont jamais été créanciers que chacun d'une moitié du legs, et ils conservent ce droit, quoiqu'il arrive. La défaillance de l'un n'augmente ni ne diminue la part de l'autre; en un mot, il n'y a pas d'accroissement.

Dans le legs fait *disjunctim*, au contraire, chacun des légataires est, par la volonté du testateur, créancier pour le tout de l'esclave Stichus. Or, plusieurs créances peuvent parfaitement exister en même temps sur le même objet. Dans tous les cas, l'héritier devra payer à chacun des légataires l'esclave Stichus, ou son estimation tout entière. La défaillance de l'un ne diminue encore ni n'augmente en rien le droit de l'autre; elle profite seulement à l'héritier qui n'aura pas à payer deux fois la valeur de l'objet légué. Ici non plus il n'y a pas d'accroissement (1).

Les fidéicommissaires n'étaient, comme les légataires *per damnationem*, que des créanciers, et l'accroissement n'existe pas non plus à leur égard (2).

III. — Le legs *sinendi modo* était dans sa formule presque identique au legs *per damnationem*. Aussi, quand un legs *sinendi modo* était fait *conjunctim* à plusieurs légataires de la manière suivante; *heres meus damnas esto sinere Titium et Seium, hominem Stichum sumere sibique habere*, on écartait l'accroissement par la règle *Damnatio partes facit* dont nous venons de voir l'application (3).

Quand le legs était fait *disjunctim*, les jurisconsultes romains étaient divisés sur le point de savoir si chaque légataire avait droit à l'objet légué tout entier, comme cela avait lieu dans le legs *per damnationem*, ou si, au contraire, il ne devait pas appartenir au premier occupant, à celui des deux légataires qui le premier s'en emparait. Cette seconde doctrine était l'interprétation littérale des termes du legs qui n'obligent l'héritier qu'à laisser le légataire

(1) Gaïus, II, 205. — Ulpien, *Règ.*, XXIV, 13. — *Fragm. Vatic.*, § 85.
(2) *Fragm. Vatic.*, § 85, *in fine*.
(3) *Fragm. Vatic.*, § 85.

se mettre en possession de l'objet légué (*sinere sumere*). Dans la première opinion, le legs *sinendi modo* fait *disjunctim* donnait à chacun des légataires droit dans tous les cas à tout l'objet légué, comme nous avons vu que cela avait lieu dans le legs *per damnationem*. Ce n'était pas là le droit d'accroissement. Dans la deuxième opinion, la disparition d'un des légataires assurait l'autre que sa prise de possession serait efficace, à quelque époque qu'il la fît(1).

IV. *Legs per præceptionem*. — Ce legs, en principe, devrait être fait à un des héritiers; c'était une sorte de préciput qui lui était attribué (2). Quand il était fait à un étranger, les jurisconsultes romains doutaient s'il pouvait être valable. Cependant, une doctrine indulgente avait prévalu : c'était qu'il fallait le traiter comme un legs *per vindicationem* et accorder au légataire une action réelle (3). Quand le legs *per præceptionem* est fait ainsi à deux étrangers, nous dirons donc qu'il y a lieu à l'accroissement, qu'il soit fait *conjunctim* ou *disjunctim*, comme dans le legs *per vindicationem* (4).

Si le legs *per præceptionem* est fait à un des héritiers, on obtient ce résultat singulier, qu'il y a toujours dans ce

---

(1) Gaïus, II, 214 et 215.

(2) Gaïus, II, 217. Une constitution d'Hadrien confirma cette doctrine.

(3) Gaïus, II, 218, 219, 221, 222.

(4) Le § 223 du *Commentaire* II de Gaïus n'est pas contraire à cette doctrine. Il ne suppose pas qu'un des légataires fasse défaut, mais bien au contraire que tous recueillent le legs, et alors il dit que, dans le legs par *præceptionem*, chacun d'eux n'aura qu'une part (*singuli partes habere debent*), à la différence de ce qui a lieu dans le legs *sinendi modo* fait *disjunctim*, qui, étant assimilé au legs *per damnationem*, donne droit à chacun des légataires à la chose tout entière.

cas une portion du legs qui est défaillante en vertu de la règle : *heredi a semetipso inutiliter legatur* (1). Ainsi, soit un héritier unique, Titius; si un legs *per præceptionem* de 1000 sesterces lui est fait, ce legs est nul, car il ne peut se le payer à lui-même. Il est vrai que le résultat est le même, car il prendra *jure hereditario* ce qu'il eût pris *jure legati*; mais si nous supposons qu'il y a un autre héritier, Mœvius, le legs devant être acquitté par les deux héritiers ne sera nul que pour moitié, qui est la part que Titius devait se payer à lui-même. Il aura droit de prélever sur la succession l'autre moitié du legs, c'est-à-dire 500 sesterces, qui est la part que Mœvius est censé lui payer. Quant à la partie défaillante, elle ira grossir l'hérédité, et les deux héritiers la trouveront confondue dans la succession.

Mais si nous supposons que Titius avait un colégataire, Séius, pour ce legs de 1000 sesterces, la solution change. Deux cas sont encore à distinguer :

1° Le colégataire est un étranger. Alors il profite du droit d'accroissement, car, à son égard, nous avons vu que le legs est considéré comme fait *per vindicationem*, et il prend la part défaillante de Titius, 250 sesterces, qui n'ira pas grossir la masse héréditaire (2). Ce résultat a lieu, que le legs soit fait *conjunctim* ou *disjunctim*.

2° Si le colégataire est lui-même un héritier, on fera l'application des mêmes principes, comme cela apparaît

---

(1) Julien, L. 17 et 18. — Ulpien, L. 34, § 11, *De legat.* 1°. — Papinien, L. 18, § 2, *De his quæ ut indign.*

(2) Florentinus, L. 116, § 1, *De leg.*, 1°.

dans la loi 34, § 12, *De legatis*, 1°, à laquelle on pourra se reporter (1).

Dans aucune des diverses espèces de legs il n'y a lieu à l'accroissement pour la *conjunctio verbis tantum*, c'est-à-dire pour le cas ou les colégataires ont reçu du testateur des parts distinctes. Avant la découverte du manuscrit de Gaïus, il y avait un doute à cet égard, résultant de la loi 89, *De legatis*, 3°, et de quelques autres textes moins importants qui devront tous recevoir une autre explication (2). La règle contraire est formellement exprimée dans les lois 11 et 12, *De usuf. accresc.*

L'accroissement était forcé entre colégataires, comme nous avons vu qu'il l'était entre cohéritiers. Le principe était qu'on ne pouvait pas plus accepter un legs pour partie qu'une hérédité ; or, l'accroissement étant considéré comme une simple application du legs primitif, qu'un concours ne vient plus réduire, c'eût été accepter ce legs pour partie que de répudier l'accroissement qui en était la conséquence (3). Nous verrons plus loin les innovations introduites par Justinien dans cette règle de l'accroissement forcé.

L'accroissement n'entraînait l'obligation de supporter les charges imposées au légataire défaillant, qu'autant qu'elles étaient attachées au legs lui-même, quel qu'en

(1) *Adde* Papinien, L. 2, § 1, *De instr. vel inst.*

(2) Ces textes sont : Javolenus, L. 41, pr., *De leg.* 2°. — Paul, L. 15, § 1. — Pomponius, L. 16, § 2, *De leg.* 1°. — Gaïus et Mœcianus, L. 5, § 1, et L. 6 et 7 pr., *De reb. dub.* L'intention formelle du testateur suffit à les expliquer.

(3) Pomponius, L. 38, pr., *De leg.* 1°. — Paul, L. 4. — Gaïus, L. 58, *De leg.* 2. — *Adde* Julien, L. 26, § 1, *De cond. et dem.*

fût le bénéficiaire. Cette obligation cessait si elles n'avaient été imposées qu'à la personne même du légataire défaillant (1).

§ 4. — *Dévolution des legs caducs sous l'empire des lois Julia et Papia Poppœa.*

Les changements apportés par les lois caducaires au droit d'accroissement entre colégataires sont indiqués dans les §§ 206 et 207 du Commentaire II de Gaïus.

Si un legs était caduc, les personnes qui le recueillaient étaient, par ordre de préférence :

1° Le *collegatarius conjunctus* qui avait des enfants ; ainsi s'exprimait le texte lui-même de la loi Papia.

2° Les héritiers qui avaient des enfants. Dispensés d'acquitter le legs, ils voyaient d'autant grossir leur part héréditaire; s'il y avait des héritiers ayant la *solidi capacitas*, mais n'ayant pas d'enfant, ils acquittaient la portion du legs dont ils étaient chargés, entre les mains de leurs cohéritiers *patres*, comme ils l'eussent fait entre celles du véritable légataire.

3° Les légataires qui avaient des enfants. Nous avons déjà vu que, par une disposition bizarre des lois nouvelles, ils prenaient, comme récompense de leur paternité, les hérédités et les legs caducs que le testateur ne leur avait jamais destinés.

4° Le fisc.

Quels étaient les colégataires qui avaient droit à la *caducorum vindicatio ?* Trois innovations graves avaient été

---

(1) Julien, L. 30. — Javolenus, L. 54, § 1, *De cond. et dem.*

apportées à cet égard par les lois nouvelles à l'antique droit d'accroissement. Elles étaient sans aucun doute l'œuvre de la jurisprudence, appelée à interpréter le *collegatarius conjunctus* de la loi Papia.

1° Toute distinction entre les diverses espèces de legs avait disparu, malgré les scrupules de quelques jurisconsultes, et le droit des colégataires existait dans le legs *per damnationem* comme dans le legs *per vindicationem* (Gaïus, II, § 208).

2° La *conjunctio verbis*, dont on ne tenait aucun compte pour le droit d'accroissement, suffit pour procurer le *jus caduca vindicandi*.

3° La *conjunctio re*, qui, au contraire, donnait lieu au droit d'accroissement, ne suffit plus pour procurer le *jus caduca vindicandi*.

Ces deux dernières innovations résultent d'un texte fameux, la loi 89, *De legatis*, 3°, dont nous avons déjà parlé ; il est ainsi conçu : *Re conjuncti videntur, non etiam verbis, quum duobus separatim eadem res legatur. Item verbis, non etiam re : Titio et Seio fundum æquis partibus do lego ; quoniam semper partes habent legatarii. Præfertur igitur omnimodo cœteris qui et re et verbis conjunctus est. Quod si re tantum conjunctus sit*, constat non esse potiorem. *Si vero verbis quidem conjunctus sit, re autem non, quæstionis est an conjunctus potior sit? Et magis est ut et ipse præferatur.*

Tant qu'on voulut entendre cette loi comme se rapportant à l'antique droit d'accroissement conservé seul dans le Digeste de Justinien, cette exclusion de la *conjunctio re* et l'admission de la *conjunctio verbis* étaient tellement en désaccord avec tous les autres textes, que leur conciliation parut impossible. Personne ne doute plus aujourd'hui que cette loi, empruntée au Commentaire de Paul sur la loi Papia, ne se rapporte au *jus caduca vindicandi*, et qu'elle n'ait échappé à l'attention des compilateurs de Justinien.

Ce texte nous apprend : 1° que la *conjunctio re et verbis* passait au premier rang et excluait toutes les autres.

2° Que la *conjunctio verbis*, sauf quelque controverse, donnait lieu aussi au *jus caduca vindicandi*. Ainsi, soit le legs suivant : *Titio et Seio fundum æquis partibus do lego* ; si Titius est célibataire, Séius prendra tout l'immeuble et profitera de la caducité du legs avant les héritiers. Cette innovation fut le résultat, sans doute, d'une interprétation large, admise par la jurisprudence, des mots de la loi Papia : *collegatarius conjunctus*. Elle n'avait rien d'absolument contraire à l'intention du testateur qui, en assignant des parts aux deux légataires par ces expressions *æquis partibus*, a prévu l'hypothèse probable où tous deux pourront recueillir le legs, et n'a pas voulu peut-être, par ces mots, exclure l'un d'eux de tout le legs pour le cas où l'autre ferait défaut.

3° Le texte indique encore que la *conjunctio re* ne donnait pas lieu au *jus caduca vindicandi* (*constat non esse potiorem*). C'est ici qu'apparaît une difficulté grave. Comment, en effet, s'expliquer que les lois Julia et Papia qui, par faveur, attribuaient la *caducorum vindicatio* aux *conjuncti verbis*, exclus autrefois du droit d'accroissement, l'aient, au contraire, refusée aux *conjuncti re*, dont le droit commun et absolu à la chose léguée est sans aucun doute bien plus apparent ?

Indiquons tout d'abord une solution radicale, qui

consiste à supprimer dans le texte la négation *non*. Ce moyen, en apparence brutal, de trancher la difficulté, est indiqué par M. Machelard, qui n'ose pas s'y arrêter, et qui cependant le justifie en partie. Il faut bien reconnaître, en effet, que toutes les explications qu'on a données pour légitimer cette exclusion de la *conjunctio re* sont bien insuffisantes, et qu'elle n'apparaît guère que comme une bizarrerie des lois caducaires, ou peut-être comme une de ces imperfections que lui reproche quelque part Gaïus (1). La suppression de cette négation nous semble au surplus indiquée par le raisonnement lui-même de Paul : « La *conjunctio re et verbis*, dit-il d'abord, en tous les cas est préférée aux autres (*omnimodo cæteris præfertur*) ; pour la *conjunctio verbis*, au contraire, dit-il plus loin, il y a doute. » N'en faut-il pas conclure que, dans l'opinion de Paul, ce qui fait la véritable *conjunctio*, c'est bien la *res*? La *conjunctio re* mérite donc, elle aussi, d'être récompensée, *constat esse potiorem*. Ajoutons que ce *constat esse potiorem* ainsi restitué dans le texte, y fait opposition au mot *quæstionis est* de la ligne suivante. Nous pensons qu'une lecture attentive du texte de Paul, dont le langage est si précis dans son élégante concision, amène nécessairement cette solution.

Peut-être cependant pourrait-on dire, pour expliquer l'exclusion de la *conjunctio re*, que l'admission de la *conjunctio verbis* par la jurisprudence fit peu à peu considérer la *conjunctio* comme consistant bien plus dans l'unité de formule que dans la *res* elle-même. Cette idée

---

(1) Gaïus, III, 47.

alla si loin, qu'on appela *disjuncti* les légataires gratifiés du même legs par des formules distinctes, mais sans assignation de parts, ce qui constituait bien cependant une *conjunctio re*. Les mots *conjuncti* et *conjunctio* eurent ainsi désormais deux significations. 1° Dans le sens le plus ancien et le plus rationnel, ils s'appliquent à toute libéralité testamentaire, hérédité ou legs, où la même chose est attribuée en commun à plusieurs personnes. 2° Dans le sens le plus récent, ils signifient que c'est par une même phrase que le legs fait à plusieurs personnes a été exprimé. On l'oppose dans ce second sens à la *disjunctio* qui, pour un legs multiple, suppose, au contraire, l'emploi de plusieurs formules distinctes (1). C'est ce sens nouveau qui passa dans la théorie de la *caducorum vindicatio :* les légataires *conjuncti* qui y eurent droit furent ceux-là seulement qui sont gratifiés en commun par une seule disposition testamentaire ; les légataires *disjuncti* en furent exclus.

Nous avons vu plus haut que cette innovation des lois caducaires ne passa pas en matière d'hérédité. Le mot *conjunctio* y conserva son sens primitif. Il y eut lieu au privilége des *coheredes conjuncti* toutes les fois que la même part d'hérédité fut attribuée à plusieurs personnes, sans distinguer si c'était par une phrase unique ou par des formules distinctes.

---

(1) Gaïus, II, § 199, 205, 215, 223. — Ulpien, *Règ.*, XXIV, 12 et 13. Ce sens nouveau du mot *conjunctio*, en matière de legs, ne passa pas sans difficultés. Celse ne l'admet pas (L. 80, *De legat.*, 3°). L'art. 1044 du C. Nap., à son tour, fit résulter la qualité de conjoint de l'unité de disposition, et suivit ainsi le vice de langage introduit à l'égard de la *caducorum vindicatio*.

Ajoutons que des savants allemands ont essayé, tout en conservant le texte de la loi 89, *De legatis*, 3°, de lui attribuer un sens autre que cette exclusion de la *conjunctio re*. Nous croyons que les paroles de Paul sont trop précises pour comporter ces explications détournées.

§ 5. — *Des modifications successives apportées à la dévolution des parts caduques.*

I. *Constitution de Caracalla.*—Ulpien, au tit. XVII de ses *Regulæ*, après avoir défini ce que sont les *caduca*, ajoute :

§ 2. — *Hodie, ex constitutione imperatoris Antonini, omnia caduca fisco vindicantur, sed servato jure antiquo liberis et parentibus.*

§ 3.—*Caduca cum suo onere fiunt; ideoque libertates et legata et fideicommissa ab eo data ex cujus persona hereditas caduca facta est, salva sunt: scilicet et legata et fideicommissa cum suo onere fiunt caduca.*

Ce texte d'Ulpien indique d'une manière certaine qu'une constitution d'Antonin Caracalla fit subir à la dévolution des parts caduques une modification grave. Mais quelle fut cette innovation? C'est un point sur lequel il existe deux opinions distinctes :

1er *Système*. — La constitution de Caracalla n'a qu'une importance très-médiocre; elle a seulement transféré au fisc les droits qui auparavant appartenaient à l'*ærarium*. Quand Auguste organisa le nouvel ordre de choses qui s'appela l'empire romain, il distingua l'*ærarium*, ou trésor du peuple, du fisc, trésor privé des empereurs. C'est ainsi qu'il divisa les provinces elles-mêmes en provinces de l'empereur et provinces du sénat. Mais quand le pouvoir impérial grandit de plus en plus sous ses successeurs, ces distinctions, qui n'avaient été que des ménagements inventés par la politique adroite d'Auguste, disparurent bien vite; le sénat ne fut plus rien. En fait, tout gouvernement émana de la personne du prince, qui fut le maître des provinces sénatoriales comme il l'était de toutes les autres; la fortune publique devint la fortune privée de l'empereur; le fisc et l'*ærarium* furent confondus. Caracalla ne fit que faire passer dans la loi ce qui était dans les faits. Le profit des parts caduques, comme de tous les autres impôts, vint tomber entre les mains de l'empereur (1).

2e *Système.* — Dans une seconde opinion, la constitution de Caracalla eut, au contraire, un effet radical : elle supprima le *jus patrum.* Les parts caduques furent désormais attribuées au fisc et ne furent plus jamais la récompense de la paternité. Caracalla ne songeait guère dans ses lois qu'à augmenter largement les impôts, et c'était là en effet pour le fisc une riche aubaine (2).

Le premier système nous paraît seul admissible, car il est certain qu'après Caracalla le *jus caduca vindicandi* au profit des *patres* existe encore. Justinien, au § 14 de sa Constitution *De caducis tollendis,* dit expressément que de son temps encore le fisc était rejeté au dernier rang pour la *caducorum vindicatio* (*fiscum nostrum ultimum ad caducorum vindicationem vocari*).—Ulpien l'atteste de même dans deux passages de ses *Regulæ* elles-mêmes, d'où notre

---

(1) MM. Ducaurroy, Demangeat, Machelard.

(2) MM. Ortolan, Pellat, Etienne, De Fresquet, D'Hautuille, Walter.

texte est tiré, et qui, sans cela, seraient avec lui inconciliables : ce sont le § 21, tit. I, et le § 17, t. XXV.

Pour répondre à cette objection décisive, quelques partisans de la deuxième opinion (1) imaginent que Macrin, successeur immédiat de Caracalla, supprima à son tour l'innovation de son prédécesseur. Ils invoquent à tort un texte de Dion Cassius, qui s'applique à l'impôt sur les successions (*vicesima hereditatum*) que Caracalla avait porté du vingtième au dixième et dont Macrin rétablit le taux primitif.

Le seul argument sérieux de la deuxième opinion repose sur ces mots du texte : *Sed servato jure antiquo, liberis et parentibus*, qui semblent indiquer que certaines personnes ont été privées par la Constitution de Caracalla des droits qu'ils avaient auparavant, et que les *liberi et parentes* seuls ont été exemptés de cette déchéance; mais Schneider pense avec raison qu'il faut modifier la ponctuation arbitraire donnée par les éditeurs au manuscrit d'Ulpien, et qu'il faut lire : *Hodie ex constitutione imp. Antonini omnia caduca vindicantur; sed servato . . . . . caduca cum suo onere fiunt*, en liant les mots *sed servato, etc.*, à la phrase qui suit :

II. — *Constitution de Sévère et d'Antonin.* — Nous avons dit plus haut qu'une constitution de Sévère et Antonin amena la suppression pour ceux qui réclamaient les parts caduques en vertu du *jus antiquum*, du bénéfice de l'exemption des *onera* imposés à l'héritier défaillant. Nous ne reviendrons pas sur cette modification

(1) MM. Rudorf, Keller.

spéciale apportée à la dévolution des parts caduques; il nous suffit de renvoyer à ce que nous en avons dit.

CHAPITRE VIII.

DU JUS LIBERORUM ET DE LA CONDITION PARTICULIÈRE DES FEMMES SOUS L'EMPIRE DES LOIS JULIA ET PAPIA.

Les règles du *jus caduca vindicandi* que nous venons d'étudier, et ce que nous avons dit plus haut de l'incapacité résultant du célibat et de l'*orbitas*, s'appliquent aux hommes d'une manière exacte. Quant aux femmes, les lois caducaires se joignant à l'ancienne législation leur firent une position toute spéciale. En effet, quand ces lois furent portées, de nombreuses déchéances en matière de succession testamentaire ou *ab intestat* atteignaient déjà les femmes. Nous allons les rappeler en quelques mots :

1° La loi des Douze Tables avait établi l'ordre des successions *ab intestat* d'après la constitution toute politique de la famille romaine, et elle reconnaissait trois ordres d'héritiers : les héritiers siens, les agnats, les *gentiles*. Or, comme la femme ne pouvait jamais chez les Romains être chef de famille, et que, d'autre part, elle n'entrait pas par le mariage, sauf le cas exceptionnel de la *manus*, dans la famille de son mari, il en résultait que ses enfants n'étaient ni ses héritiers siens, ni ses agnats. Aussi, 1° la mère avait pour héritiers directs non pas ses enfants, mais ses frères et sœurs.

2° A l'inverse, elle n'héritait pas de ses enfants et se

voyait préférer sur leur succession un frère, un oncle, un neveu ou un cousin paternel du *de cujus*. Les sénatus-consultes Tertullien et Orphitien, qui modifièrent cette organisation factice du droit de succession et rendirent la mère et ses enfants héritiers l'un de l'autre, sont de près d'un siècle et demi postérieurs aux lois caducaires (1).

2° A l'époque de la plus grande rigueur des mœurs républicaines, la législation romaine tendit à empêcher les femmes d'accumuler entre leurs mains de trop grandes richesses. La loi Voconia, qui se place en l'an 585 de Rome, 179 avant Jésus-Christ, déclare les femmes incapables d'être instituées héritières par un citoyen qui est porté au cens pour une fortune de 100,000 as (2).

3° La jurisprudence, s'inspirant de la loi Voconia, renchérit à son tour sur la sévérité du droit civil en matière de succession *ab intestat*. Les femmes n'héritèrent plus de leurs agnats, la nièce de son oncle, par exemple, tandis que les agnats continuèrent à prendre leur succession. Il n'y eut d'exception que pour les frères et sœurs (3), à l'égard de qui ce droit de succession réciproque fut maintenu.

Quand survinrent les lois caducaires, les peines du célibat atteignirent naturellement les femmes.

La femme mariée elle-même était dans une position toute spéciale :

1° Le *jus caduca vindicandi* n'existait jamais pour les

---

(1) Institutes, liv. III, tit. 3 et 4.
(2) Gaïus. *Comm.*, II, § 274.
(3) Paul, *Sent.*, liv. IV, tit. 8, § 22. — Inst., liv. III, tit. 2, § 3.

femmes ; les hommes seuls, les *patres*, comme disent les textes, jouissaient de cette faveur. — La femme ne pouvait jamais, fût-elle dans la condition la plus privilégiée, recueillir plus que ce qui lui avait été laissé par testament.

2° Pour avoir cette *solidi capacitas*, il faut que la femme ait trois enfants si elle est ingénue, et quatre si elle est affranchie. La femme qui n'a qu'un ou deux enfants subit les peines de l'*orbitas*, c'est-à-dire qu'elle ne peut recueillir que la moitié de ce à quoi elle aurait droit. Un homme dans la même position pourrait, non-seulement recueillir le tout, mais encore aurait droit à la *caducorum vindicatio*.

Du jus liberorum.—On appelle *jus liberorum* les droits dont jouissait la femme qui avait ainsi trois ou quatre enfants, selon qu'elle était ingénue ou affranchie. Nous venons d'en voir le premier effet, qui est de faire obtenir à la femme la *solidi capacitas*, et en même temps de la relever de l'incapacité de la loi Voconia, comme cela en est une conséquence nécessaire. La suppression de cette antique déchéance était pour la femme un premier avantage qui doit faire paraître moins disproportionnées les faveurs accordées spécialement aux hommes par les lois caducaires (1).

2. Un autre effet du *jus liberorum* fut de dispenser

---

(1) La loi Voconia cessa bientôt complétement de s'appliquer. Aulu-Gelle, qui écrivait sous Hadrien ou Antonin le Pieux, la comprend avec d'autres lois sous cette dénomination : *Omnia tamen hæc obliterata* (*Nuits Attiq.*, l. 20, ch. 1). On pouvait d'ailleurs complétement en éluder la disposition, à l'aide de fidéicommis (Gaïus, II, 274).

les femmes qui en jouissaient de la tutelle perpétuelle à laquelle elles étaient soumises (1) (*Voir* chap. II).

3. Le *jus liberorum* avait des effets importants dans la dévolution de la succession des affranchis. Nous renvoyons pour cette manière compliquée et d'une importance médiocre au texte très-complet de Gaïus (2) (*Comm.* 3, § 45 et suivants).

4. Quand le sénatus-consulte Tertullien vint, sous le règne d'Hadrien, en l'an 158 de J.-C., accorder aux femmes le droit de succéder à leurs enfants, il réserva cette faveur à celles qui avaient le *jus liberorum*. Paul, à ce propos, au titre 9 du livre 4 de ses *Sentences*, discute minutieusement quelles sont les conditions que la femme doit remplir pour obtenir le *jus liberorum*. Nous y voyons que, par une légère faveur, tandis qu'il faut des enfants vivants pour donner aux hommes le *jus caducà vindicandi*, il suffit aux femmes que leurs enfants soient nés vivants et à terme pour qu'elles obtiennent le *jus liberorum*.

Le *jus liberorum* fut souvent concédé par les empereurs, en vertu de leur toute-puissance législative, à des femmes qui n'avaient pas d'enfants (3). Ces faveurs, d'abord distribuées d'une manière discrète, furent plus tard prodiguées.

---

(1) Gaïus, *Comm.*, I, § 194; III, § 44.

(2) *Adde* Inst., liv. III, tit. 7, § 2.

(3) Paul l'indique sous une forme bizarre dans le texte suivant de ses *Sentences* (liv. IV, tit. 9, § 9) : « Jus liberorum mater habet, quæ tres filios aut habet, aut habuit, aut neque habet, neque habuit : habet, cui supersunt; habuit, quæ amisit; neque habet neque habuit, quæ beneficio principis jus liberorum consecuta est. »

On voit, ce qui peut paraître plus bizarre, le *jus liberorum* accordé même à des hommes. Le poëte Martial le demande à Domitien dans les vers suivants (*Epig.* II, III) :

Quod fortuna vetat fierit permitte videri,
Natorum genitor credar ut esse trium :
Hæc si displicui, fuerint solatia nobis;
Hæc fuerint nobis præmia, si placui.

Pline le jeune avait obtenu de Trajan ce *jus trium liberorum* : « *Et nuper ab optimo principe trium liberorum jus impetravi, quod quanquam parce et cum delectu daret, mihi tamen, tanquam eligeret, indulsit.* » La lettre 2 du livre 10 de ses *Epistolæ* est adressée à l'empereur pour le remercier à ce sujet. Ailleurs, il réclame la même faveur pour son ami Suétone, dont le mariage n'avait pas été heureux, *parum felix matrimonium expertus est,* et sa demande fut encore accueillie (*Epist.* 10, 95-96).

Quel était l'effet de ce *jus liberorum* accordé aux citoyens romains ? Tandis qu'il ne faisait obtenir à une femme que la *solidi capacitas*, qui était la position la plus privilégiée qu'elle pût avoir, il est probable qu'il conférait aux hommes le *jus patrum* et la *caducorum vindicatio.* Les textes manquent à cet égard. Ulpien dit seulement qu'il faisait obtenir la *solidi capacitas* entre époux, et qu'il les exemptait des *decimæ* des lois caducaires (*Reg.*, XVI, § 1).

Le § 170 des *Fragmenta Vaticana* indique cependant une différence entre l'homme ayant des enfants et celui qui avait obtenu du prince le *jus liberorum*. Le premier seul était dispensé de la tutelle et des charges diverses comprises sous le nom générique de *munera*.

CHAPITRE IX.

DE LA QUOTITÉ DISPONIBLE ENTRE ÉPOUX.

Idée fondamentale. Comparaison avec le droit français. L'idée d'une quotité disponible spéciale entre époux, qui a passé dans notre Code, vient de la loi Papia ; mais les motifs qui ont inspiré les deux législateurs sont bien différents.

En droit français, la loi a eu deux buts : 1° Prévoyant le cas tout spécial où il existe des enfants d'un premier lit, elle a voulu les protéger contre l'influence d'un second mariage et la convoitise d'un nouvel époux ; elle a restreint dans d'étroites limites ce que leur père ou leur mère remarié peut donner à son conjoint nouveau, et elle a pris soin que les résultats cachés d'un contrat de mariage trop habile ne vinssent pas déjouer ses prescriptions (art. 1098 et 1496, Code Nap.).

2° En dehors de ce cas, la loi française a, au contraire, étendu entre époux la capacité ordinaire de recevoir par donation ou testament. L'intimité et l'affection que crée le mariage lui ont paru mériter cette faveur, qui répare un peu l'oubli qu'elle a fait du conjoint au nombre des héritiers *ab intestat* (art. 1094).

Des vues toutes différentes inspiraient la loi Papia. Fidèle à son but, elle veut avant tout intéresser les époux à ce que leur union soit féconde. Pour cela, il fallait resserrer encore à leur égard les incapacités déjà si sévères des lois caducaires. Voici quelques exemples de ce qui serait arrivé si on leur eût appliqué le droit commun : 1° Un homme remarié et ayant un ou plusieurs enfants d'un premier lit eût pu, grâce à ces enfants, recueillir la succession entière de son nouveau conjoint comme de toute autre personne ; il fallait l'intéresser à avoir de nouveaux enfants. 2° Il en eût été de même d'une femme qui de son premier mariage aurait eu trois ou quatre enfants ; elle eût obtenu ainsi la *solidi capacitas* du *jus liberorum*. 3° Deux époux mariés pour la première fois et n'ayant pas d'enfants ne perdaient que moitié des libéralités qui leur étaient faites. Cette réduction suffisait pour les dons, toujours fort éventuels, qu'ils pouvaient recevoir d'étrangers. Quant aux libéralités qu'ils pouvaient se faire mutuellement et qui ne dépendaient que de leur volonté, il fallait les atteindre plus énergiquement.

La loi Papia réduisit donc à un dixième en pleine propriété, et en outre à un tiers en usufruit de la fortune du donateur, ce qu'un époux peut recevoir de l'autre lorsqu'ils n'ont pas d'enfants communs. De là les noms de de *leges decimariæ*, *lex Papia decimarum*, donnés à cette partie des lois caducaires, et la rubrique *De decimis*, du texte 15 des Règles d'Ulpien, consacré ainsi que le titre 16 à cette importante matière.

Quand c'était la femme qui survivait, le mari, outre le dixième de la fortune, pouvait lui laisser le legs de sa dot, qui lui en assurait une restitution plus facile et plus prompte que par l'action *rei uxoriæ*.

Cette qualité du dixième était un minimum ; certaines circonstances favorables pouvaient l'augmenter au profit de l'époux donataire : 1° Si cet époux avait des enfants d'un précédent mariage, bien que sa seconde union eût été stérile, il pouvait ajouter au dixième auquel il avait droit autant d'autres dixièmes qu'il avait d'enfants vivants. Neuf enfants de ce premier lit lui faisaient par conséquent acquérir la *solidi capacitas*.

2° Quand l'union de deux époux avait été féconde, mais que la mort avait frappé leurs enfants, la loi leur en tenait compte dans une certaine mesure. Si les époux avaient ainsi perdu trois enfants, ils obtenaient la *solidi capacitas*; mais la perte d'un seul ou de deux ajoutait seulement un ou deux dixièmes au minimum fixé par la loi. Il fallait d'ailleurs que ces enfants eussent vécu au moins jusqu'au *nominum dies*, c'est-à-dire jusqu'au jour où on leur donnait le nom qu'ils devaient porter. Festus nous apprend que c'était le huitième ou le neuvième jour après leur naissance.

3° La loi, prévoyant jusqu'à la minutie toutes les hypothèses possibles, augmenta la capacité de l'époux survivant pour le cas où il contracterait dans l'avenir une nouvelle union qui lui donnerait des enfants. L'usage s'établit de faire à sa mort à son conjoint survivant un legs *in tempus liberorum*, pour le temps où d'un mariage futur il lui naîtrait des enfants. Ce legs pouvait être d'un tiers en pleine propriété de la fortune du donateur; si la condition ne se réalisait pas, l'époux n'avait droit qu'au tiers en usufruit, ce qui rentrait dans le minimum fixé par la loi.

De la solidi capacitas entre époux (*Règles d'Ulpien*, t. 16). Il y avait enfin des cas assez nombreux où les époux étaient relevés complétement de cette incapacité spéciale, et où ils pouvaient se laisser par testament toute leur fortune.

C'était 1° quand ils avaient un enfant commun vivant, le mariage était fécond et le but de la loi était atteint; il n'y avait plus lieu d'exercer ses sévérités. Remarquons que cette règle créait pour la femme une position toute privilégiée. Tandis qu'il lui fallait trois ou quatre enfants pour pouvoir recueillir en entier les libéralités qui lui étaient faites par un étranger, un seul enfant lui donnait le même droit vis-à-vis de la succession de son mari.

2° Quand les époux avaient perdu un fils de quatorze ans ou une fille de douze, ils conservaient après sa mort la *solidi capacitas* que sa naissance leur avait procurée. Il ne fallait pas les punir d'un malheur que l'âge de leur enfant ne permettait pas d'attribuer à leur négligence, et cela dans un temps où peut-être ils ne pouvaient plus espérer avoir d'autres enfants.

3° Quand l'enfant était mort avant la puberté de douze ou quatorze ans, les règles étaient plus compliquées: 1° tout enfant mort impubère, quel que fût son âge, conservait à ses parents la *solidi capacitas* durant dix-huit mois. C'était comme un délai de grâce accordé par la loi pour la naissance d'un nouvel enfant; 2° après les dix-huit mois, les parents ne conservaient la *solidi capacitas* pour leurs enfants morts impubères, que s'ils en avaient ainsi perdu deux de trois ans ou trois ayant dépassé le *nominum dies*.

4° Ulpien énumère dans ce même titre un certain nombre de cas qui procuraient aux époux la *solidi capacitas*; mais ils ne sont pas spéciaux à notre matière, et ce sont ceux qui exemptaient aussi des autres déchéances des lois caducaires. Nous nous sommes servi de ce texte pour déterminer plus haut quelles sont les personnes qui sont *solidi capaces*.

Ces cas sont : 1° si l'un des époux ou tous deux n'ont pas atteint l'âge à partir duquel la loi exige des enfants, c'est-à-dire vingt-cinq ans pour les hommes et vingt ans pour les femmes; 2° si, à l'époque où la loi Papia fut portée, les deux époux avaient déjà atteint, sans enfants, l'âge fixé par cette loi : soixante ans pour les hommes et cinquante pour les femmes; 3° si les époux sont *cognati* jusqu'au sixième degré; 4° si le mari est absent pour le service de l'État et durant un après son retour; 5° si l'époux a obtenu de l'empereur le *jus liberorum*.

Toutefois, il n'y avait jamais *solidi capacitas* entre deux époux qui avaient contracté un mariage conforme au droit civil, mais contraire aux lois caducaires; par exemple, si un citoyen épousait une femme notée d'infamie, ou un sénateur une affranchie (Ulpien, *Règ.* XVI, § 2).

M. Demangeat rattache à cette partie des lois caducaires l'origine du sénatus-consulte qui permet l'usufruit des choses de consommation. Auparavant, l'usufruit ne pouvait porter que sur les corps certains qui ne se détruisent pas par l'usage, et que l'usufruitier peut restituer intacts quand son droit vient à expirer. La fixation de la quotité disponible entre époux qui n'ont pas d'enfants, à un dixième en pleine propriété et un tiers en usufruit, eut pour effet de multiplier les legs d'usufruit. Il arriva souvent qu'une personne n'ayant pour fortune que des objets de consommation, de l'argent comptant par exemple et des créances, légua à son conjoint le tiers en usufruit de tous ses biens. Cet usufruit n'eût pas été possible dans l'ancien droit. Un sénatus-consulte l'autorisa, pour ne pas ajouter à la rigueur déjà excessive des lois caducaires.

CHAPITRE X.

DES DÉLATEURS.

Les lois caducaires furent l'origine d'un mal qui affligea Rome durant toute la durée de l'empire, et dont les effets déplorables sont attestés par la plupart des historiens : les dénonciations des délateurs. Ces lois étaient loin d'être populaires. En voulant contraindre les citoyens au mariage, c'est-à-dire à l'acte où il est le plus essentiel que les volontés soient libres, elles s'étaient attiré la haine de tous. On les appelait du nom de Lois Maudites, (*Leges Damnatæ*). On cherchait de toute manière à les éluder, et les hommes les plus considérables, les jurisconsultes les plus scrupuleux y prêtaient la main (L. *un. pr.* Code, *De cad. toll.*). Le moyen le plus facile était de déguiser les faits eux-mêmes qui donnaient lieu à leur application. Un héritier ou un légataire était-il célibataire, on s'efforçait de cacher cette infortune, et les différences assez mal définies qui séparaient en droit romain le concubinat du mariage proprement dit, facilitaient cette manœuvre. Nous avons vu qu'on fraudait de même sur l'existence et le nombre des enfants, et que ce fut là l'origine d'une sorte d'état civil destiné à établir la naissance et le nom de chaque enfant (*Voy.* chap. II).

Quand les déchéances prononcées comme peine de célibat devaient profiter à des particuliers, aux *patres*, on pouvait espérer, à la rigueur, que l'intérêt suffirait pour leur faire rechercher et dénoncer la vérité. Encore des scrupules légitimes de conscience, protestant contre une loi mauvaise, pouvaient-ils les arrêter. Il est vrai que le fisc venait toujours à leur défaut, et que, de la part des officiers de cette administration, de pareilles délicatesses n'étaient pas à craindre ; mais quand la dévolution des caducs ne devait profiter qu'au fisc, il ne fallait pas compter sur le zèle des citoyens pour apprendre d'eux les faits qui devaient établir son droit. Il fallait donc recourir à des moyens extraordinaires, et c'est ainsi que les lois tyranniques trouvent leur première condamnation dans les mesures mêmes qu'elles exigent.

La loi Papia imagina de faire appel à la cupidité privée et de récompenser largement les dénonciateurs (1). Comme il y a dans toute société des gens qui ne craignent guère l'infamie publique, et qui sont prêts à toutes les bassesses si on veut les leur payer, la délation devint un métier commode et lucratif (2). Les délateurs exerçaient sur tous les citoyens (3) un espionnage domestique, recourant à tout moyen et à toutes sortes de gens pour apprendre les faits dont ils devaient recevoir le prix. La découverte d'un riche héritier célibataire ou sans enfants pouvait

---

(1) Ce triste expédient a été renouvelé sous la révolution, aux plus mauvais jours de notre histoire.

(2) Montesquieu dit : « L'espionnage serait peut-être tolérable, s'il pouvait être exercé par d'honnêtes gens ; mais l'infamie nécessaire de la persnne peut faire juger de l'infamie de la chose (*Esprit des lois*, XII, 23). »

(3) Tacite, *Annales*, III, 28.

leur valoir toute une fortune, et on conçoit qu'un métier qui, sans travail, offrait de ces chances inespérées, devait recruter parmi cette foule d'affranchis et de gens déclassés qui encombraient Rome un grand nombre de partisans. Quelle était la part accordée par la loi Papia au délateur dans l'hérédité ou le legs dont il avait dénoncé la caducité? On l'ignore. Ce qui est certain, c'est qu'on put bientôt la restreindre sans danger, et sous Néron elle fut réduite au quart de ce qu'elle était primitivement (1). Déjà Tibère avait dû apporter des adoucissements à la loi Papia qui, interprétée par les délateurs, bouleversait toutes les familles (2). Suétone dit de même (3). « Au nombre des malheurs du temps, il faut compter « l'existence des délateurs, dont l'abus est ancien. » Les lois caducaires n'étaient plus, d'ailleurs, les seules ressources offertes à leur cupidité; les accusations de lèse-majesté qui, sous des empereurs comme Tibère, devinrent la terreur de Rome, n'avaient le plus souvent d'autre fondement que la parole souvent calomnieuse d'un délateur. C'était pour eux une riche aubaine; car la confiscation de tous les biens de l'accusé en était d'ordinaire la conséquence, et ils en prenaient leur part. Un mot de blâme, une parole contre l'empereur ou contre un de ses

---

(1) Suétone, *Néron*, ch. 10 : « Præmia delatorum Papiæ legis ad quartas redegit. »

(2) Tacite, *Annales*, III, 25 : « Relatum deinde de moderanda Papia Poppæa... Cæterum multitudo periclitantium gliscebat, quum omnis domus delatorum interpretationibus subverteretur : utque antehac flagitiis, ita tunc legibus laborabatur. »

(3) Suétone, *Titus*, ch. VIII : « Inter adversa temporum et delatores mandatoresque erant, ex licentia veteri. »

actes, suffisait pour perdre l'imprudent qui l'avait prononcé. Chaque citoyen dut se méfier de tous ceux qui l'entouraient, à commencer par les esclaves de sa maison, et on conçoit qu'il dut y avoir là un état de choses insupportable.

Aussi, l'on voit à chaque instant les empereurs réprimer, toujours d'une manière inutile, les dénonciateurs calomnieux (*fiscales calumniæ*). Titus, Domitien (1) y sont impuissants : Trajan est plus heureux au témoignage de Pline : « Ta principale gloire, lui dit-il, est d'avoir permis « que le fisc fût souvent vaincu, lui dont la cause n'est « jamais mauvaise, excepté sous un empereur juste (*sub* « *bono principe*) (2). » C'était, en effet, la cupidité des empereurs qui, d'ordinaire, augmentait encore le mal, en donnant toujours raison aux dénonciateurs. La mesure à laquelle Pline fait allusion est, sans doute, un édit de Trajan qui nous a été conservé au *Digeste* (3), et dont l'idée était fort ingénieuse : elle consiste à accorder aux incapables eux-mêmes une récompense pour le cas où ils dévoileront leur propre incapacité, et cette récompense fut le droit de conserver la moitié du profit illicite que le testateur avait voulu leur procurer. Ils devaient cependant faire diligence ; car ils auraient pu être devancés par un délateur étranger qui leur eût fait perdre ce bénéfice. Cet édit était, on le voit, une œuvre fort habile, qui rendit plus difficile le métier de délateur ; elle avait, de plus,

---

(1) Suétone, *Domitien*, ch 10.

(2) Pline, *Panégyr.*, ch. xxxv : « Quæ præcipua tua gloria est, sæpius vincitur fiscus, cujus mala causa nunquam est, nisi sub bono principe »

(3) Loi 13, pr. *De jure fisci.*

une véritable moralité, en intéressant les parties elles-mêmes au respect des lois.

Les lois avaient défendu à quelques personnes d'exercer le métier de délateur. Ainsi, on ne recevait pas la dénonciation des femmes (1), et la loi en donne pour motif le prétexte banal, *propter sexus infirmitatem.* Il en était de même des soldats, à cause de l'honneur qu'ils ont de recevoir une solde de l'État. On y ajoutait les vétérans, *propter honorem* et *merita militiæ.* Le tuteur, le curateur, le gérant d'affaires ne devaient pas dénoncer l'incapacité de celui dont la fortune était confiée à leurs soins; mais on n'avait pas poussé la délicatesse jusqu'à refuser au fiduciaire le droit de dénoncer le fidéicommis tacite qu'il s'était obligé lui-même à exécuter.

La tâche du dénonciateur ne consistait pas seulement à faire sa révélation : il devait poursuivre l'affaire en justice et y faire établir le droit du fisc : alors seulement, il recevait la prime promise par la loi. S'il succombait dans le procès, il encourait l'infamie.

CHAPITRE XI.

ABROGATION SUCCESSIVE DES LOIS CADUCAIRES. — CONCLUSION.

Innovations de Tibère. — Les lois caducaires, telles qu'Auguste les avait faites, s'étaient montrées d'une sévérité inouïe. Tacite, dans ses Annales III, 28, les consi-

(1) L. 18, pr. *De jure fisci.*

dère comme une des calamités qui affligèrent Rome, et les met sur la même ligne que les guerres civiles qui précédèrent l'avénement d'Auguste. Il ajoute : « La délation « alla plus loin encore que la loi; elle envahit Rome, « l'Italie, tout l'empire. Déjà beaucoup de fortunes « avaient été renversées, et la terreur était dans toutes les « familles, quand Tibère, pour arrêter ce désordre, fit dé- « signer par le sort quinze sénateurs, dont cinq anciens « préteurs et cinq consulaires, qui, en exceptant beau- « coup de cas des gênes de la loi, ramenèrent pour le « présent un peu de sécurité. » Il nous apprend que Tibère réforma ainsi les sévérités primitives de la loi (*exsoluti plerique legis nexus*). Quelle fut cette réforme? Quelles étaient ces dispositions primitives qui étaient si redoutables? Nous l'ignorons. Nous ne connaissons que les lois caducaires telles que Tibère les a laissées, et les textes des jurisconsultes ne se réfèrent pas à ce qu'elles étaient auparavant. Toute conjecture à cet égard serait inutile.

Constitution de Constantin. — Une constitution de Constantin, qu'on doit considérer comme la consécration des idées nouvelles apportées par le christianisme triomphant, abrogea en partie la législation caducaire. Cette constitution a pour rubrique : *De infirmandis pœnis cœlibatus et orbitatis*. Elle fut publiée par Constantin à Rome, en l'an 320. On la trouve au Code Théodosien (liv. VIII, tit. 16) et au Code de Justinien (liv. VIII, tit. 58, L. 1), où elle est attribuée à tort aux enfants de Constantin.

L'effet de cette constitution fut celui-ci : supprimer l'incapacité de recueillir par testament, qui résultait du célibat et de l'*orbitas*. Désormais le *cœlebs* et l'*orbus* purent recueillir intégralement un legs ou une hérédité. Cette faveur est accordée même aux femmes, ce qui supprime l'inégalité qui existait à leur égard. Nous avons vu, en effet, qu'il ne suffisait pas à une femme, pour avoir pleine capacité, d'être mariée et d'avoir un enfant; il fallait qu'elle eût le *jus liberorum*, c'est-à-dire trois ou quatre enfants, selon qu'elle était ingénue ou affranchie.

Cette constitution, quoiqu'elle ne s'en explique pas dans son texte laconique, était la conséquence du triomphe du christianisme. Les Pères de l'Église avaient toujours considéré le célibat comme une perfection spirituelle (1). Ils ne le conseillaient pas à tous, mais ils disaient que celui qui peut le pratiquer, dégagé des liens de la terre, est plus fort pour s'élever à Dieu. Dans les luttes de l'Église naissante, l'homme seul trouvait plus d'énergie pour résister au péril de chaque jour. La haine des persécutions ne pouvait atteindre que lui, et il n'avait pas à trembler pour une famille dont les malheurs eussent peut-être ébranlé son courage.

Aussi les Pères avaient-ils toujours reproché aux lois caducaires cette brutale excitation au mariage. Ils leur reprochaient encore de dégrader le mariage par l'avarice et d'en faire une spéculation. Ce n'était pas là cette union libre de l'homme et de la femme que la religion élève au degré d'un sacrement. Punir le célibat, même sous des peines simplement pécuniaires, était en réalité exclure du mariage la liberté du consentement. C'est sous

---

(1) Saint Paul, I, *Ad Corinthios*, VII, 8 : « Dico autem non nuptis, et viduis : Bonum est illis si sic permaneant, sicut et ego. »

ces inspiration plus pures de la religion nouvelle que la constitution de Constantin fut rendue.

Cette constitution n'eut pas pour effet de faire disparaître la *caducorum vindicatio* et les récompenses attribuées aux *patres*. Les *cœlibes* et les *orbi* cessèrent d'être privés des libéralités qui leur étaient faites, mais nous avons vu que ce n'était pas là le seul cas où il y eût caducité; toutes les libéralités testamentaires dont la nullité rentrait dans la clause des dispositions *in causa caduci* continuèrent à former des parts caduques qui furent, comme précédemment, attribuées en récompense aux *patres*. Les bénéfices concédés à ceux-ci furent seulement moins considérables que par le passé. L'effet de la constitution de Constantin peut se réduire à ces termes : elle rendit le *jus capiendi* aux *cœlibes* et *orbi* qui en étaient privés. C'est ce qu'indiquent nettement les termes de la constitution : *Sitque omnibus æqua conditio capessendi quod quisque mereatur;* pas un mot n'y est dit au contraire de la suppression du *jus patrum*. Justinien, d'ailleurs, nous apprend expressément que c'est lui qui, le premier, supprima les droits du fisc et la *caducorum vindicatio* (1). Cette *caducorum vindicatio* subsistait donc encore depuis Constantin.

Constitution d'Arcadius et Honorius. 396.—On trouve au Code Théodosien (Liv. VIII, tit. 16, art. 1) une constitution de ces empereurs, qui règle un point de détail. Nous avons vu que les empereurs pouvaient accorder le *jus liberorum*, même à ceux qui n'avaient pas d'enfants; mais il y avait un âge avant lequel cette faveur ne pou-

(1) L. uniq., C., *De cad. toll.*, § 14.

vait être accordée. Les empereurs suppriment cette limite et donnent au prince un plein pouvoir.

Le maintien du *jus liberorum*, attesté par cette constitution, prouve également le maintien de la *caducorum vindicatio*, que nous venons d'établir, car le *jus liberorum*, accordé à un homme, le relevait des peines du célibat ou de l'*orbitas*, et, en outre, lui faisait acquérir droit à la *caducorum vindicatio*. Or, depuis Constantin, ce second avantage était le seul qui subsistât pour les hommes, et la suppression de la *caducorum vindicatio* eût nécessairement entraîné à leur égard la suppression du *jus liberorum*.

Constitution d'Honorius et de Théodose le Jeune. 410. — Elle ne contient que ces mots : *Nemo posthac a nobis jus liberorum petat, quod simul hac lege omnibus concedimus* (1).

Le portée de ce texte a donné lieu à une difficulté. Faut-il y voir, comme la généralité de ses termes semble l'indiquer tout d'abord, la concession faite à tout le monde du *jus liberorum*, et, par conséquent, la suppression complète de la *caducorum vindicatio*, à laquelle désormais tout le monde aurait droit ? Ce résultat, proposé par Schneider, n'est pas admissible. En effet, nous avons vu que la *caducorum vindicatio* subsista jusqu'à Justinien. Il est certain aussi que que ce fut cet empereur qui, le premier, en l'année 528 (2), permit à la mère qui n'avait

(1) Code Théodosien, L. 3, liv. 8. tit. 17. — Code Justinien, L. 1; *De jure liberorum*.

(2) L. 2, C., *De jure liberorum*. — *Adde* L. 7, *De leg. her*. C. Théodosien, v, 1, qui parle encore de la nécessité pour la mère d'avoir le *jus liberorum*.

pas le *jus liberorum*, de succéder à ses enfants. Il abrogeait en cela le sénatus-consulte Tertullien, qui ne donnait ce droit de succession à la mère qu'autant qu'elle avait trois ou quatre enfants, ou le *jus liberorum* concédé par ce prince (1).

Cujas et Godefroy ont proposé une solution qui est bonne. Théodose le Jeune n'accorde à tous les citoyens le *jus liberorum* qu'au point de vue de la capacité entre époux. Nous avons étudié en détail cette partie des lois Julia et Papia. En principe, pour que deux époux eussent pleine capacité de se faire des libéralités testamentaires, il fallait qu'ils eussent un enfant commun; il y avait là un *jus liberorum* spécial, qu'on trouve quelquefois appelé dans le Code Théodosien du nom de *jus communium liberorum*. La faveur impériale pouvait attribuer ce droit aux époux qui n'avaient pas d'enfants; or, Constantin n'avait pas supprimé vis-à-vis des époux cette peine de l'*orbitas;* non pas, qu'inconséquent avec lui-même, il voulût continuer à punir dans les époux le défaut d'enfants, qui, vis-à-vis des étrangers, ne pouvait plus leur nuire, mais parce que toute libéralité entre époux lui semblait suspecte de captation et digne des restrictions du législateur. Il avait fait, pour ce cas spécial, une exception expresse à sa constitution. Cette exception ne se trouve qu'au Code Théodosien, le Code de Justinien ne l'a pas reproduite. Une constitution de Théodose le Jeune eut précisément pour but, un siècle après Constantin, de donner aux époux pleine capacité, alors même qu'ils

(2) Inst., 3. § 2, *De S.C. Tertullian.* — Paul, *Sent.*, IV, 9, 9.

n'ont pas d'enfants. La constitution du même empereur qui nous occupe porte la même date, et ne paraît être que la fin de cette première constitution, dont elle a été séparée maladroitement par les rédacteurs du Code Théodosien, imités en cela, plus tard, par ceux du Code de Justinien (L. 2, C. Théod., VIII, 17; L., 2, C. Justin., VIII, 58).

Justinien.—Ce fut lui qui abolit définitivement ce qui restait de la législation caducaire. Il recommanda, lors de la rédaction des Pandectes, en 530, aux rédacteurs chargés de ce travail, de n'y laisser pénétrer aucun fragment qui rappelât cette législation : *Ni luctuosum monumentum læta sæcula inumbrare concedatur*. C'est à ce moment qu'il faut rapporter l'abolition définitive de la *caducorum vindicatio*. Plus tard, en 534, il fit une constitution célèbre, sous la rubrique : *De caducis tollendis* (L. *Un*. C. VI, § 1), où il explique, dans de longs développements, le régime nouveau qu'il veut substituer à la législation caducaire. C'est à peu près la reproduction exacte de l'ancien droit d'accroissement.

Conclusion. — Ainsi fut détruite par lambeaux la législation laborieusement construite par Auguste. Disons quelques mots de son influence, et demandons-nous si elle atteignit le but pour lequel elle avait été faite et quel jugement il faut en porter.

La plupart des auteurs modernes lui prodiguent les louanges. Heineccius, dans sa Préface *Ad Lectorem*, dit qu'elle suffit pour placer Auguste au rang des plus grands législateurs. Montesquieu l'appelle « la plus belle partie des lois civiles romaines » (*Esprit des Lois*, XXIII, 21). Malgré l'autorité de ce grand nom, nous ne pouvons nous joindre à ces éloges.

Nous avons déjà vu quelques-uns des reproches graves qu'on peut adresser à ces lois : 1° Ce sont elles qui introduisirent à Rome les délateurs et l'espionnage domestique qui en fut la conséquence.

2° Elles disposaient arbitrairement de la fortune des citoyens en annulant les clauses de leur testament pour en faire l'attribution aux *patres*. En cela, elles violaient le droit de propriété, et y substituaient la toute-puissance de la loi. Elles méconnaissaient le principe salutaire de l'hérédité, que la loi des Douze Tables avait si nettement posé : *Uti legassit super pecunia... Ita jus esto*. Et il y avait là un mal plus grand qu'il n'apparaît au premier abord; car si on admettait cette idée malheureuse et fausse, que la propriété n'est qu'une tolérance de la loi, et que celle-ci peut en restreindre arbitrairement les conséquences, il n'y aurait pas de bouleversement social qui ne devînt légitime. De nos jours, la plupart des systèmes socialistes, quand leurs auteurs ont bien voulu les énoncer en pratique, aboutissaient à peu près au même résultat que les lois caducaires. Ils consistaient à enlever, à la mort de chaque personne, tout ou partie de la succession à ses héritiers, pour en faire l'attribution à l'État, chargé, à l'aide de cette fortune collective, de corriger tous les abus et de guérir toutes les misères.

3° Nous pourrions nous demander si une loi qui se propose pour but direct l'augmentation de la population peut être une bonne loi. Ça été longtemps un préjugé, que la prospérité d'une nation se juge toujours au nombre de ses habitants. « Les sujets sont la richesse fonda- « mentale d'un État, dit Montesquieu (*Esprit des lois*,

XXIII, 21, note *a*). » Les économistes (1) ont démontré que cette proposition était loin d'être vraie. L'augmentation de la population n'est un bien pour un État qu'autant que les moyens d'existence y augmentent dans la même proportion. Hors ce cas, elle peut devenir la source de bien des maux, dont l'émigration sera le moindre. Les épidémies, la misère, les souffrances qui l'accompagnent, la mort précoce qu'elle amène, se chargeront de la triste tâche de ramener la proportion entre la population et les ressources du pays. La meilleure manière d'augmenter le nombre des habitants d'un pays est donc d'améliorer son agriculture, d'étendre son commerce, de perfectionner les procédés de son industrie, et d'y répandre l'instruction qui crée, elle aussi, des ressources nouvelles. Toute loi qui, au contraire, veut brutalement agir sur la population, par l'excitation au mariage, par exemple, est le plus souvent une loi inutile. Si ses effets ne sont pas nuls, ils ne peuvent être que funestes.

4° Enfin, pour apprécier les lois caducaires, il nous semble qu'il suffit de les voir à l'œuvre. Qu'ont-elles fait? Leur rigueur a-t-elle été assez puissante pour modifier les mœurs de Rome? Le mariage a-t-il été plus respecté, l'adultère moins fréquent? Tacite signale leurs effets désastreux, l'espionnage des délateurs, le bouleversement de toutes les fortunes, mais en même temps il en montre la parfaite inefficacité : *Nec ideo conjugia et educationes liberum frequentabantur, prævalida orbitate.* « On ne « contractait pas plus de mariages et on n'élevait pas

---

(1) Rossi, *Cours d'économie politique*. — Bastiat, *Harmonies économiques*, ch. De la population.

« plus d'enfants. On gagnait trop à être sans héritiers.» (*Annales*, 3, 25). Il existe un passage curieux de Juvénal, qui nous montre comment les mœurs se jouent des lois, si sévères qu'elles soient. Un homme adultère adresse au mari de sa complice ces paroles éhontées (*Satire* 9, vers 82) :

Jam pater es, dedimus quod famæ opponere possis.
Jura parentis habes : propter me scriberis heres.
Legatum omne capis, necnon et dulce caducum.
Commoda præterea jungentur multa caducis,
Si numerum, si tres implevero (1)...

Les lois caducaires furent donc impuissantes dans leurs effets, et cela se conçoit. Les lois ne suffisent pas pour corriger les mœurs, car la crainte de leurs châtiments ne crée pas la moralité, et les passions sont habiles à en éluder les dispositions.

Pour relever la société romaine de cette dégradation dans laquelle elle devait s'abîmer, il fallait une morale plus pure, celle-là même qui, au temps d'Auguste, était prêchée pour la première fois, dans la Judée, à une des extrémités de l'empire, le christianisme. Pour réformer les mœurs, il suffit au christianisme d'un principe : l'indissolubilité du mariage et d'une parole : « Et moi je « vous dis que quiconque aura épousé celle que son « mari aura renvoyée commet un adultère (2). » Ces pa-

---

(1) Enfin te voilà père. Je t'ai fourni des armes contre la médisance. Tu jouis des droits attachés à la paternité. Par moi tu peux hériter et recevoir un legs tout entier. Tu recueilleras même le doux émolument des caducs, et si j'arrive à mettre trois enfants dans ta maison, ne vois-tu pas les autres avantages que tu as à attendre même en sus des caducs?

(2) Saint Mathieu, v, 32, *Sermon sur la montagne* : « Ego autem dico vobis : Quia omnis qui dimiserit uxorem suam, excepta fornicationis causa, facit eam mœchari ; et qui dimissam duxerit, adulterat. »

roles nouvelles étaient un anathème prononcé sur la vieillesse infâme d'une société qui se mourait; elles portèrent bientôt leur fruit. Dans la société chrétienne, il n'y a pas de divorce ; le mariage y est bien ce *consortium omnis vitæ* dont parlait Modestin, et qui n'était qu'un mensonge, appliqué au mariage païen. Les époux sont bien deux dans une même chair, *sunt duo in carne una*, comme disait la Genèse (2, 24). Le mariage béni par l'Église et revêtu d'un caractère sacré est élevé à la dignité d'un sacrement.

Mais aussi, parce qu'il est indissoluble, le mariage doit être libre. Il y a dans l'union des deux époux comme une vocation : or, en vérité, est-ce que cette liberté existait sous l'empire des lois caducaires? Quand le célibat est puni comme un délit; quand des délais étroits sont imposés au mariage; quand, selon la parole de Plutarque (1), « on se marie, non pour avoir des héritiers, « mais pour avoir des héritages, » est-ce qu'il y a liberté dans la volonté des époux? Non, assurément. Aussi, aux yeux de la loi chrétienne, les lois caducaires n'apparaissaient que comme un oubli des volontés de la Providence et comme les produits d'un matérialisme grossier; elles devaient disparaître le jour où la religion et la morale nouvelle auraient décidément triomphé. Nous avons vu comment Constantin abolit les peines du célibat, et proclama par cela même le principe tout chrétien de la liberté dans le mariage.

(1) Plutarque, *OEuvres morales* : De l'Amour des pères envers leurs enfants.

DROIT FRANÇAIS.

SITUATION LÉGALE DES COMMUNAUTÉS RELIGIEUSES EN DROIT FRANÇAIS.

INTRODUCTION. — DU DROIT D'ASSOCIATION EN GÉNÉRAL.

Le droit d'association est la conséquence nécessaire de notre nature et de nos instincts. Non-seulement nous avons été créés pour la vie sociale, mais encore chacun de nous éprouve dans une sphère plus étroite le besoin d'une société plus intime, où il épanche ses idées, ses sentiments et sa vie tout entière. Le mariage et la famille sont la première réalisation de ce besoin. Il apparaît encore sous un grand nombre d'autres formes. Nous nous associons dans tous les buts, pour nos plaisirs comme pour nos plus graves occupations, pour tenter dans le commerce ou l'industrie les chances de la fortune, comme pour vivre en commun d'une vie toute spéculative, dans les austérités d'une règle religieuse. L'association apparaît partout, et la Providence, comme pour l'encourager encore, a voulu lui donner une puissance singulière. L'homme isolé ne peut presque rien ; il n'est pas de but qu'il ne puisse atteindre, si ses efforts se groupent avec ceux d'autrui : l'association a fait le succès de toutes les grandes entreprises. Il existe une association qui se forme dans le secret des pensées et que nul ne peut atteindre ; c'est l'opinion publique, et on a pu dire d'elle qu'elle était la maîtresse du monde.

On peut distinguer au point de vue juridique trois degrés principaux dans l'association :

1° Une association peut consister seulement dans l'adhésion que donnent un certain nombre de personnes à telle ou telle entreprise, à telle ou telle doctrine, et dans l'engagement qu'elles contractent de concourir d'une certaine façon à son succès. Aucun lien plus étroit ne réunit les membres de cette association. Ils ne s'assemblent pas, ne se connaissent pas, n'ont de rapport qu'avec ceux qui en ont été les promoteurs. Ils n'ont eu qu'un but, réunir leurs efforts pour en augmenter la puissance. C'est la forme d'association la plus vague et la plus imparfaite. L'émission de pétitions et de circulaires pour lesquelles on sollicite des adhésions et des signatures en est une des principales réalisations pratiques.

2° Le second degré dans l'exercice du droit d'association consiste dans le pouvoir de s'assembler. Cette faculté donne à l'association une grande puissance. De cette manière les homme se rapprochent, se connaissent, se comptent et peuvent apprécier les résultats déjà obtenus dans le but commun qu'ils poursuivent. Les opinions s'y déploient avec une force et une chaleur particulière. Il importe de distinguer si l'assemblée doit être publique ou secrète, si toute personne peut y être admise, ou si, au contraire, elle est réservée à un certain nombre d'associés. La seconde est plus redoutable que la première, et les lois qui, à certaines époques, ont autorisé les clubs ou réunions politiques, ont toujours exigé que l'accès en fût public, prohibant avec soin les sociétés secrètes.

3° Enfin l'association peut être plus intime encore : elle peut être une communauté absolue d'existence convenue entre plusieurs personnes qui habitent la même maison et se soumettent à la même discipline ; telles sont les communautés religieuses, dont nous avons spécialement à nous occuper.

S'il est vrai, comme le dit Mirabeau, que « les lois « sont faites, non pour anéantir nos droits naturels, « mais pour en assurer l'existence, » il semble bien qu'elles doivent reconnaître et respecter le droit d'association. M. de Tocqueville partage cette opinion : « Après « la liberté d'agir seul, dit-il, la plus naturelle à l'homme « est celle de combiner ses efforts avec les efforts de ses « semblables et d'agir en commun. Le droit d'association « me paraît donc presque aussi inaliénable de sa nature « que la liberté individuelle. Le législateur ne saurait « vouloir le détruire sans attaquer la société elle-« même (1). »

(1) De Tocqueville, *De la Démocratie en Amérique* (I, ch. 12).

Cependant, il existe une doctrine qui considère la liberté d'association comme dangereuse sous toutes ses formes et inadmissible en législation. Cette maxime convient singulièrement au pouvoir absolu. C'était déjà la théorie du droit romain, où l'autorité impériale, si fragile dans sa toute-puissance, s'ombrageait de tout simulacre d'association : il fallait l'autorité d'un sénatus-consulte pour permettre aucune réunion. Toute assemblée illicite, quel que fût son but, devait être dissoute (1). Une telle législation ne manquait pas d'armes contre les assemblées des premiers chrétiens, et M. Dupin ne peut s'empêcher de remarquer qu'à ce point de vue elles ne fussent légitimes. L'ancien droit français admettait les mêmes principes. On trouve un grand nombre d'ordonnances, de règlements et d'arrêts qui ont pour but d'interdire les associations de toute sorte (1). Enfin, de nos jours, cette doctrine a trouvé pour défenseurs même des jurisconsultes, et, au premier rang, M. Dupin, dans son *Manuel du droit public ecclésiastique français*, et M. Vuillefroy, président de section au conseil d'État, qui, en 1842, publia, sous le titre de *Traité de l'administration du culte catholique*, un ouvrage d'une intolérance rare.

En regard de cette opinion extrême, nous en placerons une autre, qui consiste à proclamer d'une manière absolue la liberté illimitée d'association. Écrite au frontispice de quelques constitutions, cette liberté illimitée n'a jamais reçu sa réalisation complète qu'aux États-Unis

---

(2) Gaïus, L. 1, *Quod cujusq.* — Marcien, L. 1 et 3, *De coll. et corp.*

d'Amérique. M. de Tocqueville, qui, d'ailleurs, croit cette liberté dangereuse, surtout en matière politique, en constate cependant les prodigieux résultats : « Les « Américains de tous les âges, de toutes les conditions, « de tous les esprits, s'unissent sans cesse. Non-seule- « ment ils ont des associations commerciales et indus- « trielles, auxquelles tous prennent part, mais ils en « ont encore de mille autres espèces : de religieuses, de « morales, de graves, de futiles, de fort générales et de « très-particulières, d'immenses et de fort petites ; les « Américains s'associent pour donner des fêtes, fonder « des séminaires, bâtir des auberges, élever des églises, « répandre des livres, envoyer des missionnaires aux « antipodes ; ils créent de cette manière des hôpitaux, « des prisons, des écoles. S'agit-il de mettre en lumière « une vérité ou de développer un sentiment par l'appui « d'un grand exemple, ils s'associent; partout où à la « tête d'une entreprise nouvelle vous voyez en France « le gouvernement, en Angleterre un grand seigneur, « comptez que vous apercevrez aux États-Unis une asso- « ciation (*De la Démocratie en Amérique*, II, p. 120). »

Enfin, une doctrine intermédiaire, tout en conservant la liberté d'association comme un droit et un principe, pense que la loi doit y apporter quelques restrictions que réclame l'intérêt public. C'est ainsi que M. de Tocqueville croit qu'il importe à la sécurité de l'État de restreindre la liberté en matière d'association politique, et il faut reconnaître que la triste pratique de nos clubs semble bien donner raison à son opinion. Il ne va pas cependant jusqu'à écarter les réunions destinées à préparer une élection, et qui seules lui semblent pouvoir jeter quelque lumière dans les masses populaires, quand le droit électoral leur est confié (t. I, ch. XII).

L'étude de l'association sous toutes ses formes serait une tâche immense. Notre but, plus modeste, est de nous occuper spécialement de ce qui concerne les communautés religieuses.

CHAPITRE I.

DES COMMUNAUTÉS RELIGIEUSES DANS L'ANCIEN DROIT. APERÇU HISTORIQUE DE LA LÉGISLATION ACTUELLE.

Vers le commencement du IVe siècle, quand le christianisme fut sorti vainqueur des persécutions et de la lutte qu'il soutenait contre la toute-puissance impériale, les premières communautés religieuses furent fondées en Orient. Jusque-là on n'avait vu que des anachorètes, vivant seuls au désert, où l'exemple de quelques illustres religieux les avait attirés. En 357, saint Basile fonda en Asie Mineure un monastère dont la règle se répandit dans tout l'Orient. De son côté, saint Benoît de Norcia établit, en 515, au Mont-Cassin, la règle bénédictine, qui fut, durant de longs siècles, la seule règle des monastères d'Occident. Elle fut modifiée sous Louis le Débonnaire par saint Benoît d'Aniane. Au Xe siècle, un grand relâchement, fruit des désordres et des violences de la féodalité, s'introduisit dans tout l'institut monastique. Des réformes faites sur plusieurs points amenèrent la création d'ordres nouveaux.

En 909, Cluny est fondé par Bernon, sous les auspices de Guillaume le Pieux, duc d'Aquitaine. Jusqu'alors, chaque monastère avait vécu isolé et indépendant, sauf quelques tentatives d'association au IXe siècle (entre Saint-Germain-des-Prés et Saint-Rémi de Reims, par exemple). Cluny, au contraire, tout en conservant la règle bénédictine, devint la tête d'une riche et puissante communauté, d'où relevaient une foule de monastères, entre autres Saint-Paul hors les murs de Rome, Lérins en Provence, Marmoutiers, Vézelay, etc.

Un siècle après, en 1098, un ordre semblable est établi à Cîteaux, par saint Robert de Molesme, saint Albéric et saint Etienne Harding. C'était une réaction contre le luxe qui avait envahi l'ordre de Cluny. L'ordre de Cîteaux est austère et s'occupe activement de travaux agricoles ; il compte bientôt 2,000 maisons et 18,000 granges ou métairies, qui sont l'origine d'un grand nombre de nos villages. Saint Bernard, la gloire de cet ordre, fonde en 1115 Clairvaux, qui, avec Pontigny et Morimond, étaient appelées les trois filles de Cîteaux. C'est de cet ordre que sortent : 1° les trois ordres militaires espagnols de Calatrava, d'Alcantara et de Montesa, au XIIIe siècle ; 2° l'ordre des Feuillants, d'une austérité incroyable, établi en 1577, à l'abbaye des Feuillants, près Toulouse ; 3° la Trappe, qui était un abbaye de Cîteaux, dans le Perche, et qui fut réformée, en 1662, par l'abbé de Rancé, l'ami de Saint-Simon.

Plusieurs ordres moins importants naissent de semblables réformes faites à la règle bénédictine : 1° les Célestins, établis en 1244, par Célestin V, supprimés en 1778, à cause de leurs désordres ; 2° l'ordre de Grammont; 3° l'ordre de Saint-Maur, célèbre par ses grands travaux historiques, fondé, en 1613, par quelques religieux bénédictins de Saint-Vannes.

On voit encore apparaître à la même époque : 1° les ordres de Malte (1048) et des Templiers (1118), résultats des croisades ; 2° les Mathurins ou Trinitaires, fondés par Jean de Matha, en 1199, pour le rachat des captifs ; 3° les Camaldules, ordre purement contemplatif, fondé par saint Romuald, en 1012, à Camaldoli près Florence ; 4° les Chartreux, établis par saint Bruno, au XIe siècle. Cet ordre, en proscrivant toute vie commune des religieux, rétablit au sein même de la communauté l'isolement des premiers anachorètes.

Jusqu'au XIIIe siècle, les ordres religieux ne jouaient pas un rôle actif dans l'Eglise. Les religieux y menaient, loin du monde, une existence remplie par les exercices religieux, les travaux des champs, l'étude et l'éducation des enfants. Au commencement du XIIIe siècle, deux ordres nouveaux apparaissent, qui furent les agents actifs d'un prosélytisme catholique universel : 1° les Dominicains, frères prêcheurs, ou Jacobins, fondés par saint Dominique, en 1215 : saint Thomas d'Aquin sortit du sein de cet ordre ; 2° les Franciscains, qu'on appelle aussi frères Mineurs, Minimes, Cordeliers, Récollets, établis en 1205, par saint François d'Assise. Cette communauté comprenait un tiers ordre, destiné aux séculiers, et dont l'ordre de Picpus faisait partie. Les Capucins sont une réforme des Franciscains, opérée en 1525.

Ces deux ordres étaient des ordres mendiants. Il en existait deux autres encore, savoir : 1° les Augustins, établis par Alexandre IV, en 1256 ; Martin Luther sortit de cet ordre. Il fut réformé en 1574, et se divisa en Augustins déchaussés, ou Petits-Pères, et Vieux Augustins. Leur règle était suivie par les religieux de la Merci, établis pour le rachat des captifs, en 1223. 2° Les Carmes, qui prétendent remonter au prophète Elie, par une suite de religieux établis au Mont-Carmel. Ils furent introduits en France sous saint Louis. Les Carmes déchaussés en sont une réforme, opérée à la suite de la création des Carmélites, par sainte Thérèse, en 1562.

On trouvait aussi un certain nombre d'ordres de femmes, les uns spéciaux, comme les Ursulines, communauté enseignante, établie par Angèle de Brescia, en 1537; les autres annexés aux grands ordres religieux : les Bénédictines, les Augustines, les Dominicaines, etc.

Au XVIe siècle apparaît l'institut des Jésuites, spécialement destiné à lutter contre la réforme. Nous en donnerons plus loin l'historique.

On ne voit apparaître dans les siècles suivants qu'un petit nombre d'ordres nouveaux : 1° les frères de la Charité, destinés au soin des malades, établis en 1540, par le Portugais saint Jean-de-Dieu; 2e les religieuses de la Visitation, établies par saint François de Sales, en 1610; 3° l'ordre des filles de la Charité, créé par saint Vincent de Paul, 1617; 4° les frères des Ecoles chrétiennes, fondés par de La Salle, en 1680 (1).

---

(1) Il faut distinguer des communautés religieuses un certain nombre d'associations de prêtres menant une vie commune, mais qui n'étaient pas engagés par des vœux, tels que les Oratoriens, les Sulpiciens, les Lazaristes, les prêtres des Missions étrangères, etc.

Telles étaient les principales communautés religieuses de l'ancien droit. Nous devons examiner quel était le régime que la loi leur avait fait :

1° Elles ne pouvaient se former sans une autorisation expresse du pouvoir royal. L'ancienne monarchie n'était pas allée assez loin en fait de libertés pour songer à reconnaître le droit d'association. On trouvera dans le *Manuel* de M. Dupin, cités avec complaisance, les ordonnances, règlements et arrêts qui ordonnent la dissolution des asssociations non autorisées.

2° Lcs associations autorisées formaient des êtres juridiques capables de posséder des biens dits de mainmorte, d'en acquérir, et de recevoir à titre de donation ou de legs. De plus, la personnalité de la communauté religieuse absorbait, pour ainsi dire, celle de chacun de ses membres : les religieux ne pouvaient rien posséder en propre. A leur entrée dans l'ordre, ils étaient frappés de mort civile ; tous leurs biens, sauf ceux qu'ils devaient apporter en dot à la communauté, étaient attribués à titre de succession à leurs héritiers légitimes ; tout ce qu'ils pouvaient acquérir par la suite était acquis à la communauté. Cet état de choses bizarre, auquel on ne trouve rien de semblable dans notre législation, car chaque religieux y conserve la pleine propiété de ses biens, peut être considéré comme la sanction du vœu de pauvreté prêté par le religieux.

3° La loi civile, en effet, considérait alors les vœux comme des engagements obligatoires, non pas seulement sous le rapport spirituel, mais encore sous le rapport civil. Le religieux ne pouvait quitter son couvent, sous peine d'y être ramené par la force publique ; c'était la sanction de son vœu d'obéissance. Son vœu de chasteté créait de même, pour lui, une incapacité de se marier, au point de vue de la loi civile.

Il y avait d'ailleurs, dans l'ancien régime, à l'égard des communautés religieuses, comme de tout le reste, une confusion complète entre le pouvoir spirituel et le pouvoir temporel; l'autorité royale intervenait partout. Un arrêt du conseil de 1781 règle les prérogatives de l'abbé de Citeaux sur les abbayes de Clairvaux, Morimond, etc. Henri II, dans un arrêt de 1556, va jusqu'à enjoindre aux religieux de « chanter et de ne pas dire leurs offices « par simple récit et prononciation. » Louis XV défend aux réguliers de donner la communion pascale dans leurs églises, et de relever les femmes sans la permission du curé de la paroisse (Denisart, au mot *Religieux*, 73). Ces décisions étranges étaient le moindre mal. Les biens des communautés religieuses avaient acquis, avec le temps, une valeur immense et formaient un riche patrimoine. La royauté s'empara du droit d'en disposer, et elle les distribua à l'aventure à titre de bénéfices, l'exemption de l'ordinaire rendant le plus souvent inefficace la surveillance des évêques sur les monastères. Au XVIIIe siècle, un relâchement général régnait dans tout l'institut monastique. En 1765, les moines de Saint-Germain-des-Prés demandent au roi d'être débarrassés de leur habit, qui les rend ridicules, et d'être exemptés de l'office de la nuit et du jeûne, que les lumières du temps ne comportent plus. C'est dans ces dispositions que la révolution survint. Elle trouva, en France, 1795 monastères d'hommes, 529 de femmes, et 31,000 religieux. Nous verrons bientôt le sort qu'elle leur destina.

Si nous cherchons maintenant quels sont les principes qu'une législation sage devrait prendre pour base de ses dispositions à l'égard des communautés religieuses, nous établirons les règles suivantes :

1° Reconnaître le droit d'association, et par conséquent, permettre la formation des communautés religieuses. Qu'on ne dise pas avec M. Dupin que toute association est un danger pour l'Etat ; nous répondrons que toute association est un droit ; que, s'il s'y fait quelque chose de mal, la société est assez puissante pour le punir ; que les lois doivent réprimer et non pas prévenir, et qu'avec des arguments semblables on légitime toutes les usurpations. Peut-on d'ailleurs croire sérieusement qu'une société aussi fortement constituée que la nôtre puisse avoir quelque chose à craindre de l'association de quelques hommes réunis pour mener une vie commune ? Ce danger prétendu est un épouvantail que la haine ou l'esprit de parti met en avant pour justifier son intolérance.

2° Il faut ajouter immédiatement une observation importante : cette déclaration du droit d'association n'entraîne pas avec elle la reconnaissance de la personnalité juridique des communautés religieuses. Je m'explique. Je crois fermement qu'il est d'un grand intérêt pour la société d'éviter la constitution d'un trop grand nombre de biens de mainmorte ; on sait que par ce mot on entend la propriété des personnes juridiques que la loi reconnaît, tels que les communes, les hospices, les établissements publics, etc. Les biens de mainmorte ont de graves inconvénients. 1° Ils sont presque toujours mal administrés et restent dans un état de culture inférieur et défectueux. Les personnes à qui la gestion en est confiée, ne sont pas animées par ce puissant mobile de tous les progrès, l'intérêt privé ; ils manquent de cette initiative qui recherche les améliorations et qui les réalise. 2° Par leur nature même, ils s'accroissent sans cesse. La vie commune est une source d'économies fécondes pour les congrégations religieuses. Les libéralités ajoutent encore à leurs richesses, et la mainmorte peut ainsi légalement atteindre les proportions énormes qu'elle avait réalisées sous l'ancienne monarchie. 3° Elle est ainsi la source d'une reconstitution incessante de la grande propriété. Or, pour mon compte, je suis profondément convaincu que le partage de la terre est le germe d'un progrès et d'une richesse immenses. Là où la grande propriété est souveraine, la population languit dans un travail indifférent et mercenaire; la possesion du sol, même en petites doses, ravive ses forces et lui donne une émulation féconde. On ne peut nier qu'à ce point de vue l'abus de la mainmorte n'ait été, dans l'ancien régime, la cause d'un mal profond.

Or, si nous considérons la mainmorte dans son principe, nous voyons qu'elle repose tout entière sur la création d'êtres fictifs que la nature ne connaît pas, que la loi a faits dans sa toute-puissance et qui possèdent ces biens immobilisés entre leurs mains. Si cette création n'est qu'une fiction, la loi a le droit de la restreindre comme il lui plaît et de ne l'accorder qu'aux établissements qu'elle agrée à ce titre. Elle peut donc sans injustice la refuser aux communautés religieuses, et en cela elle n'abuse pas de sa toute-puissance comme elle le fait quand elle leur refuse le droit à la vie commune. Ainsi, tous les plus graves reproches que l'homme impartial peut faire aux communautés religieuses disparaissent. Elles ne sont plus que des associations d'hommes usant de leur liberté individuelle dans une vie commune que leur conscience leur a conseillée, et dont nul n'a le droit de leur demander compte.

Aperçu général de la législation. — La législation qui régit aujourd'hui les communautés religieuses se compose d'un certain nombre de lois, dont les premières remontent à la Révolution française. Nous allons en donner l'indication rapide, sauf à y revenir, comme nous en aurons souvent l'occasion durant le cours de ce travail.

1° *Décret du 2 novembre* 1789. — Le mauvais état des finances du royaume avait amené la convocation des états généraux. Un des premiers soins de cette assemblée, définitivement constituée sous le nom d'Assemblée nationale, fut de remédier à ces embarras. Une des mesures les plus énergiques qu'elle adopta fut la réunion au domaine de l'Etat de tous les biens ecclésiastiques, dont le revenu foncier était estimé à 70 millions. Les cahiers du tiers état avaient déjà émis ce vœu. Le 10 octobre 1789, M. de Talleyrand présenta à ce sujet un projet à l'Assemblée nationale. Deux jours après, Mirabeau en proposa un autre plus radical, qui, après une discussion de six séances, fut adopté à une majorité de 568 voix contre 345. Il était ainsi conçu ;

« L'Assemblée nationale décrète : 1° que tous les biens ecclésiastiques sont à la disposition de la nation, à la charge de pourvoir, d'une manière convenable, aux frais du culte, à l'entretien de ses ministres et au soulagement des pauvres, sous la surveillance et d'après les instructions des provinces ; 2° que, dans les dispositions à faire pour l'entretien des ministres de la religion, il ne pourra être assuré à la dotation d'aucun curé moins de 1,200 livres par année, non compris le logement et les jardins en dépendant. »

Ce décret atteignait les biens des communautés religieuses comme ceux du clergé séculier, à charge de pourvoir en argent à leur entretien. La situation déplorable des finances de l'Etat et la nécessité d'éviter une banqueroute, qui ne fut malheureusement que retardée, expliquent ce décret et sont la meilleure excuse qu'on puisse en donner. Nous avons parlé au chapitre précédent des inconvénients graves que présentent les biens de mainmorte ; nous avons dit que cette propriété collective n'est pas de droit naturel et qu'il est légitime d'exiger l'autorisation de l'Etat pour la création des êtres juridiques tels que les communautés religieuses. Mais quand cette autorisation a été accordée, la loi ne doit user qu'avec la plus grande réserve du droit qu'elle a de la révoquer, et il faudrait que cette révocation, pour être juste, n'eût pas d'effet rétroactif et ne vînt pas supprimer en un instant ce qui, durant de longs siècles, a été légitime. C'est là le reproche qu'on peut adresser au décret du 2 novembre 1789. Disons cependant qu'en prenant le soin d'assurer le sort des prêtres et religieux dépossédés, il reconnaissait leurs droits légitimes dont le malheur des temps exigeait seul la restriction. Ce n'était pas une confiscation réelle, et elle eût en tout cas été beaucoup plus blâmable, si elle se fût adressée à des particuliers. Les biens de mainmorte avaient sous l'ancienne monarchie une importance exagérée, et leur suppression a seule permis la constitution de la moyenne propriété et les développements féconds que l'agriculture a pris depuis soixante ans.

2° *Décret du* 19 *février* 1790.—L'Assemblée nationale, le 28 octobre 1789, sur les lettres écrites par deux religieux et une religieuse, avait suspendu provisoirement l'émission des vœux dans les monastères. La question fut reprise au fond en février 1790, et, après une discussion inquiète et confuse, le décret suivant fut rendu :

« Art. 1. La loi constitutionnelle du royaume ne reconnaît plus de vœux monastiques solennels de personnes de l'un ni de l'autre sexe. Déclarons en conséquence que les ordres et congrégations réguliers dans lesquels on fait de pareils vœux sont et demeurent supprimés en France, sans qu'il puisse en être établi de semblables à l'avenir. »

Il y avait là une innovation grave à l'ancien droit. Le législateur cessait de reconnaître comme obligations civiles les vœux monastiques, et leur refusait la sanction de son autorité. Désormais, le religieux lié par un vœu perpétuel peut abandonner son couvent sans que l'autorité se charge de l'y faire rentrer. Jusqu'ici rien de mieux. Le décret ne faisait que séparer le spirituel du temporel, jusqu'alors confondus sur tant de points. Les vœux religieux ne devaient plus avoir pour sanction que la réprobation de la conscience et les peines ecclésiastiques. La fin de l'art. 1 déclare de même que la loi ne reconnaît plus dans les communautés religieuses des êtres collectifs pouvant acquérir, aliéner, posséder des biens, absorbant la personnalité juridique des membres qui les composent. La loi, sur ce point encore, ne faisait qu'user de son droit.

Mais ne faut-il pas dire que l'art. 1 du décret allait plus loin, et qu'il prohibait même d'une manière absolue la prestation de vœux et la faculté de se réunir en commun pour y vivre à son gré sous l'empire d'une règle librement consentie? Les termes rigoureux et absolus de cet article semblent bien imposer cette solution. La discussion du décret, où bien des opinions contradictoires ont été émises, ne donne pas une grande lumière sur ce point. M. de Vatimesnil (1) croit au contraire que ce décret n'avait pas cette portée. Il invoque la constitution de 1791 (titre I) (2) qui donne à tous les citoyens la liberté de s'assembler paisiblement et sans armes, en satisfaisant aux lois de police. Il ajoute qu'il eût fallu un texte exprès pour la priver de ce droit, car la Déclaration des droits de l'homme (art. 5) dit que tout ce qui n'est pas défendu par la loi ne peut être empêché. Enfin, il invoque la suite du décret.

L'art. 2 permet à tous les religieux de quitter leur monastère et de rentrer dans le monde, après avoir fait une déclaration à la municipalité. Il leur assure une pension convenable, compensation de leurs biens confisqués. Quant aux religieux qui ne veulent pas quitter la vie mo-

---

(1) M. de Vatimesnil, *Mémoire sur l'état légal en France des associations religieuses non autorisées*, 1844.

(2) Remarquons que cette constitution est postérieure au décret qui nous occupe; ce fut un décret du 13 novembre 1790 qui, le premier, supprima les anciennes lois qui prohibaient toute espèce d'association. La Déclaration des droits de l'homme (août 1789) n'avait rien dit à cet égard.

nastique, il leur sera assigné des maisons en nombre moindre que précédemment, où ils pourront continuer à vivre en commun.

L'article ajoute qu'il ne sera rien changé pour le moment aux maisons chargées de l'éducation publique et aux établissements de charité.

L'art. 3 exempte aussi du décret toutes les communautés de femmes.

3° *Décret du* 14 *octobre* 1790. — Cette loi, qui contient de nombreux articles, était la mise en pratique du décret précédent; elle donnait des règles aux religieux qui avaient voulu conserver la vie monastique dans les maisons qui leur avaient été récemment assignées. Chacun de ces nouveaux monastères contenait au moins vingt religieux, qui choisissaient entre eux, à la pluralité des suffrages, un supérieur et un procureur ou économe rééligibles tous les deux ans (art. 2). Suivent d'autres dispositions concernant le costume des moines et le payement de la pension attribuée par la loi à chacun d'eux.

4° *Décret du* 18 *août* 1792.—Ce décret, inspiré des violences du temps qui le vit naître, supprima d'une manière absolue toutes les corporations religieuses qui existaient encore, savoir, les corporations vouées à l'enseignement ou à la charité que la loi du 19 février 1790 avait respectées, et les communautés nouvelles que la loi du 14 octobre 1790 avait organisées. Il défendait aussi à tout citoyen de porter le costume d'aucun ordre religieux, sous peine d'être puni la première fois de l'amende et d'être poursuivi en cas de récidive sous l'inculpation de délit contre la sûreté générale. Nous aurons à revenir sur cette disposition.

Les religieux durent évacuer les maisons nationales qu'ils occupaient avant le 1er octobre 1792.

Les considérants de ce décret, rédigés dans le style emphatique habituel à cette époque, ne donnent même pas un prétexte pour justifier sa rigueur : « L'Assemblée nationale, considérant qu'un État vraiment libre ne doit souffrir dans son sein aucune corporation, pas même celles qui, vouées à l'enseignement public, ont bien mérité de la patrie, etc., etc. »

Ils est difficile d'admettre avec M. de Vatimesnil que ce décret n'eut pas pour conséquence d'interdire aux religieux la vie commune, même dans les maisons privées où ils eussent pu se réunir. Il ne donne à l'appui de son opinion qu'une sorte de permission de ce genre accordée par Collot d'Herbois à des religieuses de Lyon. On était à la veille des violences de la terreur, et une semblable tolérance à l'égard d'une classe d'hommes que leur caractère même rendait suspects n'était pas dans les habitudes du temps.

5° *Loi organique du* 18 *germinal an X, art.* 11 — Les archevêques et évêques pourront, *avec l'autorisation du gouvernement*, établir dans leur diocèse des chapitres cathédraux et des séminaires. *Tous autres établissements ecclésiastiques sont supprimés.*

Ce texte de loi introduit un principe nouveau. Il revient aux idées de l'ancien droit et déclare qu'avec l'autorisation du gouvernement, certaines corporations religieuses pourront exister de nouveau à titre d'êtres collectifs et seront capables de posséder des biens, de recevoir des legs, d'ester en justice, etc. Mais cette faveur est réservée expressément aux chapitres cathédraux et aux séminaires. Les anciens ordres religieux en sont exclus; ils ne peuvent renaître à leur ancien état de corporations autorisées.

Les derniers mots de cet article n'interdisent-ils pas la vie religieuse en commun, même dans des maisons privées? M. de Vatimesnil ne le croit pas. Il invoque un décret du 20 prairial an X, qui vint faire l'application de notre loi à quatre départements nouveaux récemment organisés sur les bords du Rhin. Ce décret supprime dans ces départements toutes les communautés religieuses, à l'exception de celles qu'autorisait la loi de germinal; mais en même temps il indique des maisons où les religieux expulsés pourront continuer à vivre en commun sans former une congrégation. M. de Vatimesnil en conclut qu'à plus forte raison la vie commune dans une maison privée dut être autorisée. Il faut répondre que ce décret ne fit que reproduire les dispositions de celui du 19 février 1790, et que, dans l'un comme dans l'autre, l'asile nouveau offert aux religieux expulsés aussi bien que la pension qui leur était payée ne devaient profiter qu'à eux seuls et non pas aux novices qu'ils pouvaient songer à s'adjoindre pour perpétuer la communauté.

Cette idée est confirmée par un *décret du* 3 *messidor an XII*, et par le rapport du comte Portalis, conseiller d'État, qui le précède. A la suite des lois révolutionnaires, tous les religieux avaient été dispersés. Un grand nombre avaient quitté la France ; quelques-uns étaient entrés dans le monde. Beaucoup d'autres, privés bientôt de la pension viagère que l'Assemblée nationale leur avait promise, menaient une existence difficile et gênée. Un certain nombre d'entre eux, retenus par leur conscience dans l'accomplissement de leurs vœux, formèrent, sous le Directoire, alors que les lois étaient un peu adoucies, des associations clandestines sous les noms de société du Cœur de Jésus, société des Victimes de l'amour de Dieu, société des Pères de la foi, etc. Si l'on en croit le comte Portalis, une grande exaltation religieuse, fruit de la persécution, les animait. Le gouvernement du premier Consul s'en émut. Une de ces sociétés, celle des Pères de la foi ou Paccanarites, ainsi appelée d'un nommé Paccanari, tailleur de pierres, puis soldat, qui l'avait fondée, passait pour vouloir restaurer l'institut des Jésuites, dont le nom était encore un épouvantail. Le comte Portalis fit un long rapport, complaisamment cité par M. Dupin (1), où il énumérait les dangers de cette réapparition. Le décret du 3 messidor suivit bientôt; en voici la substance :

« Art. 1 et 2. Suppression de toute association formée sous prétexte de religion et non autorisée.

« Art. 3. Les lois qui s'opposent à l'admission de tout ordre religieux dans lequel on se lie par des vœux religieux continueront d'être exécutées selon leur forme et teneur.

« Art. 4. Aucune agrégation ou association d'hommes ou de femmes ne pourra se former à l'avenir sous prétexte de religion, à moins qu'elle n'ait été formellement autorisée par un décret impérial, sur le vu des statuts et règlements selon lesquels on se proposerait de vivre dans cette agrégation ou association.

« Art. 5. Sont exemptées de cette mesure : les commu-

---

(1) Dupin, *Manuel du droit public ecclésiastique français.*

nautés des sœurs de la Charité, des sœurs Hospitalières, des sœurs de Saint-Thomas, des sœurs de Saint-Charles, des sœurs Vatelottes, que des arrêtés précédents (1) avaient autorisées, sauf examen de leurs règlements en conseil d'État.

« Art. 6. Les procureurs généraux et impériaux poursuivront *par voie extraordinaire* les contraventions à ces dispositions (2). »

Cette défiance à l'égard des communautés religieuses se prolongea durant une partie de l'Empire. Cependant, des autorisations furent accordées aux religieux hospitaliers des montagnes (mont Genèvre, Grande-Chartreuse, forêt de Sénart; ce dernier établissement, situé près de Corbeil, a cessé d'exister). Les religieux du grand Saint-Bernard avaient reçu de Bonaparte, dès son expédition d'Italie, de vastes domaines situés aux environs de Pavie, qui sont encore la principale ressource de cet établissement. Deux décrets du 7 prairial an XII et du 2 germinal an XIII autorisèrent aussi les prêtres du Saint-Esprit pour les colonies, et les congrégations de Saint-Lazare et des Missions étrangères. Une subvention annuelle de 15,000 fr. fut même accordée aux Lazaristes et offerte aux Missions étrangères qui la refusèrent ; mais

---

(1) Arrêtés du 1er nivôse an IX ; — 24 vendémiaire an XI ; — 28 prairial an XI ; — 22 germinal an XII. Un rapport de Portalis du 13 prairial an XIII nous apprend que le gouvernement, appliquant ses idées de centralisation absolue, songea à fondre en une seule toutes les communautés de femmes qu'il avait précédemment autorisées. Ce projet fut abandonné.

(2) Le décret du 18 février 1809, art. 3, ordonne de même la dissolution de toute congrégation de femmes dont les statuts n'auront pas été approuvés avant le 1er janvier 1810.

cette faveur ne fut pas de longue durée. Un décret du 26 septembre 1809 supprime ces communautés, « attendu qu'il n'entrait plus dans les intentions du gouver- « nement impérial d'autoriser d'autres établissements « religieux d'hommes que ceux qui étaient chargés du « service des montagnes. »

6° *Code pénal de* 1810. *Des associations et réunions illicites, art.* 291 *à* 294. — Nous verrons plus loin si ces articles du Code pénal s'appliquent aux communautés religieuses, et s'ils n'ont pas abrogé le décret du 3 messidor an XII.

7° *Loi du* 2 *janvier* 1817 *sur les donations et legs aux établissements ecclésiastiques.* — L'art. 1er de cette loi indique nettement les effets de l'autorisation que l'État peut accorder aux communautés religieuses.

« Art. 1er. Tout établissement ecclésiastique reconnu par la loi pourra accepter, avec l'autorisation du roi, tous les biens, meubles, immeubles et rentes qui lui seront donnés par actes entre-vifs ou par actes de dernière volonté. »

Si nous ajoutons à ces différents textes la *loi du* 24 *mai* 1825 *sur les congrégations religieuses de femmes* et quelques autres monuments législatifs moins importants, nous aurons à peu prés l'ensemble de la législation sur cette matière.

CHAPITRE II.

DE L'AUTORISATION DES COMMUNAUTÉS RELIGIEUSES ET DE SES FORMES.

Le premier principe que nous trouvons est donc celui-ci : toute communauté religieuse dûment autorisée forme une personne juridique capable d'acquérir, d'aliéner, d'ester en justice, etc. Nous étudierons plus loin avec détail les règles qui s'y appliquent.

Une question fondamentale se présente ici. *Les communautés religieuses non autorisées peuvent-elles être dissoutes?* L'autorisation du gouvernement leur est-elle indispensable, ou, au contraire, son défaut les prive-t-elles seulement des avantages attachés à la personnalité juridique?

Il est peu de questions qui aient une plus grande importance, car de toutes les communautés religieuses qui existent aujourd'hui en France, le plus grand nombre ne sont pas autorisées. Pas une seule des communautés d'hommes ne l'a été, et parmi les communautés de femmes, un certain nombre de celles qui sont hospitalières ou enseignantes ont seules obtenu cette faveur. On ne doit pas faire un reproche de cet état de choses aux communautés elles-mêmes. Plusieurs d'entre elles, à différentes époques, ont réclamé cette autorisation. Le conseil d'État leur a le plus souvent répondu qu'en principe l'esprit de la loi est de ne pas autoriser les ordres contemplatifs (1). Ce principe exclut presque toutes les communautés d'hommes, car, par ordre contemplatif, on entend tous ceux qui ne se vouent pas au soin des malades et à l'enseignement, et par conséquent ceux qui ont pour but la prédication ou l'exercice du ministére sacerdotal. Quant aux communautés qui ne rentrent pas

---

(1) Avis du conseil d'État 18 mars 1836.

dans cette classe, on leur a dit le plus souvent, qu'on ne pouvait satisfaire à leur demande, mais qu'elles pouvaient s'établir sans crainte, et qu'on s'abstiendrait de les inquiéter (1). C'était là une politique habile : le gouvernement aimait mieux accorder une tolérance que de concéder un droit. Une permission est toujours révocable, et les communautés religieuses, maintenues ainsi dans une position irrégulière, se trouvent toujours sous la menace d'une dissolution que le gouvernement a toujours pensé avoir le droit de prononcer.

En effet, nous devons reconnaître que le droit de dissoudre les communautés religieuses non autorisées ne paraît guère aujourd'hui contesté. Dans la discussion qui s'éleva au Sénat le 30 mai 1860, plusieurs prélats attaquérent comme injuste et exorbitante la position précaire faite à ces communautés. Aucun d'eux ne songea à jeter des doutes sur la légalité de ce droit de dissolution, et M. Dupin se garda bien, dans le discours qu'il prononça, de rappeler qu'à une autre époque la question n'avait pas été aussi unanimement tranchée.

Pour moi, je crois que cette dispersion des communautés non autorisées serait un acte illégitime, que l'état de notre législation n'autorise pas. Cette idée peut paraître étrange, quand on sait avec quelle défiance les gouvernements qui se sont succédé en France ont toujours considéré les associations de toute nature. Elle résulte cependant de l'étude impartiale des textes.

---

1) Discours du cardinal Morlot au Sénat (mai 1860).

Nous avons dit plus haut que la prohibition de toute association ayant un but religieux résultait évidemment du décret du 18 août 1792, de la loi de germinal an X, du décret du 3 messidor an XII, et du décret du 18 février 1809. Durant toute cette période, la dissolution d'une communauté non autorisée fut un droit pour le pouvoir exécutif, et nous ne pouvons partager l'opinion contraire, adoptée par M. de Vatimesnil, quelque habile que soit l'argumentation de cet illustre jurisconsulte.

Bientôt parut le Code pénal de 1810, dont l'art. 291 s'exprime ainsi : « Nulle association de plus de vingt « personnes, dont le but sera de se réunir tous les jours « ou à certains jours marqués pour s'occuper d'objets « religieux, littéraires, politiques ou autres, ne pourra « se former qu'avec l'agrément du gouvernement, et « sous les conditions qu'il plaira à l'autorité publique « d'imposer à la société. Dans le nombre des personnes « indiquées par le présent article ne sont pas comprises « *celles domiciliées dans la maison où l'association se* « *réunit.* »

Il résulte clairement de ce texte qu'une association qui se forme pour s'occuper tous les jours d'objets religieux n'a pas besoin d'autorisation, si elle ne comprend que des personnes domiciliées dans la même maison, puisque le deuxième alinéa de l'art. 291 veut que ces personnes ne soient pas comprises dans le nombre de vingt. Or, qu'est-ce autre chose que la reconnaissance du droit pour tous les citoyens de se réunir pour mener, dans la même maison, sous une règle librement acceptée, une vie commune? Et ceci s'applique évidemment aux communautés religieuses, car l'art. 291 et l'art. 293 parlent d'associations destinées à s'occuper d'objets religieux.

L'art. 291 du Code pénal a donc abrogé les lois antérieures, qui prohibaient l'existence de fait des communautés religieuses, car ses dispositions sont évidemment incompatibles avec cette prohibition. C'est, d'ailleurs, un principe, que chacun des articles de nos Codes a abrogé toutes les lois antérieures qui s'occupaient des mêmes objets. C'est seulement en considérant à tort comme maintenus les textes anciens, et en particulier le décret du 3 messidor an XII, qu'on peut soutenir que les communautés non autorisées peuvent être dissoutes. Or, ce résultat nous paraît absolument inadmissible, sous peine de violer sans scrupule l'art. 291.

Aucun autre texte n'est venu modifier ses dispositions; et d'abord, les articles qui suivent ne font que le confirmer. L'art. 292 déclare que les associations prohibées par l'article précédent seront dissoutes, et que leurs chefs seront condamnés à une amende de 16 à 200 fr. L'art. 293 suppose qu'en outre de l'illégalité de l'assemblée, il y a été fait quelque provocation à des crimes ou à des délits par des discours, prières, lectures, etc. Une peine plus considérable est alors prononcée contre les chefs de la société, savoir : un emprisonnement de trois mois à deux ans, et une amende de 100 à 200 fr. Les provocateurs, de leur côté, seront punis selon les lois. D'après l'art. 294, une association, même autorisée, a encore besoin de la permission de l'autorité municipale pour se réunir dans un lieu donné. La personne qui lui accorde l'usage de sa maison sans cette permission est punie de 100 à 200 francs d'amende.

Une nouvelle loi *sur les associations* parut le 10 avril 1834. Elle était destinée à agir contre les sociétés secrètes, dont les manœuvres avaient soulevé contre le gouvernement nouveau plusieurs séditions sanglantes. Elle augmenta donc dans une proportion considérable les peines prononcées contre les associations illicites, mais elle ne dérogea à l'art. 291 du Code pénal qu'en deux points peu importants : 1° les associations mêmes qui ne se réunissent pas *tous les jours ou à des jours marqués,* mais seulement d'une manière irrégulière, sont également prohibées; 2° si l'association comprend vingt personnes, mais distribuées en plusieurs sections d'un nombre moindre, elle sera également supprimée. Cette subdivision ne doit pas présenter un moyen par trop facile d'éluder la loi.

Décret du 28 *juillet* 1848. — La Révolution de 1848 fit triompher des principes plus favorables à l'association. Un décret du 28 juillet organise minutieusement les clubs politiques, et les soumet à un certain nombre de formalités destinées à en éviter les désordres; mais, en même temps, il dispense de toute condition les associations industrielles et de bienfaisance (art. 14). Toute autre association devra seulement déclarer à l'autorité son but et le nom de ses membres. Ce décret ne disait rien des communautés religieuses, et les laissait, par conséquent, sous l'empire de l'art. 291 du Code pénal. Un décret du 25 mars 1852 abolit le décret de 1848, en en retenant seulement les dispositions contre les sociétés secrètes.

Tel est l'ensemble de notre législation sur les associations en général, et nous voyons qu'aucun texte n'est venu proscrire les communautés religieuses, dont l'existence était reconnue par l'art. 291 du Code pénal.

M. de Vatimesnil invoquait encore à l'appui de cette doctrine les différents passages des constitutions politiques qui garantissent la liberté de conscience, et en particulier l'art. 5 de la Charte de 1830, ainsi conçu : « Chacun professe sa religion avec une égale liberté, et obtient pour son culte la même protection. » La liberté de conscience donne à chaque citoyen le droit de faire tous les actes que sa foi religieuse lui conseille, sauf le droit de police extérieure, conféré à l'autorité. Ce droit de police est fort étendu : il permet d'empêcher toute manifestation du culte extérieur, mais il ne peut atteindre tout acte religieux qui n'a rien de public, et qui est renfermé dans la demeure de chaque citoyen, comme dans un asile inviolable. Or, n'est-ce pas ce qui a lieu quand plusieurs personnes habitent en commun, et soumettent leur vie à des règles qu'elles ont choisies? Nous supposons, bien entendu, que leur demeure n'est pas ouverte à tous, et que l'exercice du culte n'y est pas public (1).

C'est ce qui a été décidé par plusieurs arrêts de la cour de cassation (19 août 1830, 18 septembre 1830 et 22 juillet 1837). Il s'agissait de savoir s'il est permis d'ouvrir une église au public pour y célébrer un culte

(1) Cette garantie de la liberté de concience n'a pas été reproduite dans la constitution de 1852. Mais cette constitution se réfère aux principes de 1789, qui comprennent certainement ce droit. L'argument que nous invoquons subsiste donc tout entier, quoique la Charte de 1830 ne soit plus en vigueur.

sans l'autorisation préalable de l'administration. Ce fait est expressément défendu par les art. 291 et suivants du Code pénal que nous avons étudiés plus haut; mais on prétendait que l'art. 5 de la charte de 1830 dont nous venons de parler, qui accorde la liberté de conscience, avait abrogé ces textes. Cette opinion était considérable, car elle rallia les suffrages de M. le procureur général Dupin, dont l'assentiment n'est pas ici suspect de partialité. Cependant la cour n'admit pas ses conclusions; elle décida que l'ouverture d'un lieu public destiné au culte tombe sous l'application du droit de police extérieure attribué à l'État; mais il résulte évidemment de ces arrêts que ce droit de police ne s'étend qu'aux actes publics et qu'il s'arrête devant les murs d'une habitation privée, lorsqu'on n'y admet pas d'étrangers. Les communautés non autorisées ne violent la loi qu'autant qu'elles ont une chapelle publique destinée à l'exercice du culte; c'est d'ailleurs le cas dans lequel se trouve en effet un grand nombre d'entre elles. Sur ce point seulement la loi peut les atteindre; encore leur reste-t-il le droit de conserver ces chapelles, en les réservant spécialement à l'usage de ceux qui habitent la maison.

L'existence légale des communautés non autorisées était reconnue par le gouvernement de la Restauration, à la suite de la loi de 1825 sur les congrégations religieuses de femmes dont nous aurons bientôt à parler. Le ministre des cultes, dans l'instruction du 17 juillet 1825, disait : «Parmi les congrégations, il en est qui existaient « de fait avant le 1er janvier 1825, et qui, *sans être autori-* « *sées, ont pu librement se former et se propager* etc.» Cette doctrine est encore reconnue dans les arrêts suivants :

Toulouse, 23 juin 1835 (Dalloz, 1836, II); Caen, 17 juillet 1841; Grenoble, 13 janvier 1841. On lit dans les considérants de ce dernier : « La charte qui proclame la liberté des cultes, et enfin la loi spéciale de 1825, qui, quoique ne s'appliquant qu'aux congrégations autorisées, reconnaît l'existence des associations non autorisées. » Ajoutons un jugement du tribunal civil de Mortagne, en date du 2 mars 1838.

Si l'on fait abstraction de toute idée préconçue et de toute haine rétrospective, il faut reconnaître que cette doctrine est conforme à la plus simple justice : « En quoi consistent le droit et la liberté, dit le père Lacordaire (1), s'il n'est pas permis à des citoyens d'habiter une même maison, de s'y lever et de s'y coucher à la même heure, de manger à la même table et de porter le même vêtement? Que devient la propriété, que deviennent la liberté du domicile et la liberté individuelle, si l'on peut chasser de chez eux des citoyens parce qu'ils y accomplissent en commun les actes de la vie domestique? Il faudrait au moins déterminer le nombre où commencerait le délit, et au-dessous de ce nombre la communauté restant possible, la loi serait impuissante jusqu'à ce qu'elle eût déclaré qu'un citoyen français n'est apte à loger avec un autre citoyen français que sous le bon plaisir du roi et des chambres. . . Quel mal y a-t-il à tout cela? Si ce ne sont pas des mérites, ce sont au moins des goûts innocents. Et se pourrait-il concevoir qu'un pays où l'on

---

(1) Vie de Saint Dominique, ch. 1.

proclame depuis cinquante ans la liberté, c'est-à-dire le droit de faire ce qui ne nuit pas à autrui, poursuivît à outrance un genre de vie qui plaît à beaucoup et qui ne nuit à aucun? A quoi bon verser tant de sang pour les droits de l'homme? Est-ce que la vie commune n'est pas un droit de l'homme, quand même elle ne serait pas un besoin de l'humanité? »

Nous devons maintenant examiner l'opinion opposée, qui pense que le gouvernement a le droit de dissoudre les communautés religieuses non autorisées. Elle apparaît pour la première fois dans deux arrêts de la cour des pairs, rendus sous la présidence du premier président Séguier, le 3 et le 15 décembre 1825. Le ministère public demandait la suppression par ce qu'on appelait alors un procès de tendance du *Constitutionnel* et du *Courrier français*, qui avaient signalé comme illégale l'existence des communautés non autorisées. La cour renvoya les deux journaux de la plainte, et, dans les considérants de l'arrêt qu'elle rendit, elle adopta sans la développer l'idée de l'illégalité de ces communautés.

L'année suivante, le comte de Montlosier (1) publia un ouvrage intitulé : *Mémoire à consulter sur un système religieux et politique tendant à renverser la religion, la société et le trône*. Il y attaquait avec énergie le

(1) Le comte de Montlosier avait été député de la noblesse d'Auvergne aux états généraux de 1789. Il y avait défendu le clergé et prononcé en faveur des évêques cette belle parole. « Si on les dépouille de leurs biens, s'ils ne peuvent « plus porter une croix d'or, ils porteront une croix de bois, et c'est une croix « de bois qui a sauvé le monde. »

parti ultra-royaliste, dont les imprudences devaient amener quelques années plus tard la chute de la Restauration. Le 16 juillet de la même année, après avoir obtenu une consultation de plusieurs avocats, il adressa à la cour de Paris un écrit dans lequel il lui dénonçait : 1° l'existence de communautés religieuses non autorisées qui, sous une direction centrale, se livraient activement à des menées politiques ; 2° l'existence de plusieurs établissements de jésuites, malgré les anciennes lois qui les prohibaient; 3° la profession patente de doctrines ultramontaines; 4° enfin l'envahissement de ce qu'il appelait le parti prêtre. En même temps paraissait une consultation signée de trente-neuf avocats du barreau de Paris, dont M. Dupin l'aîné était le rédacteur, et qui déclarait illégales les communautés religieuses non autorisées et spécialement les établissements des jésuites. C'est alors que statuant sur la demande du comte de Montlosier, la cour, toutes chambres réunies, rendit un arrêt, le 16 juillet 1826, sous la présidence du premier président Séguier. Elle y considérait comme encore en vigueur : 1° la loi de 1792 et le décret de messidor an XII, qui proscrivent les communautés non autorisées. Nous avons vu plus haut que ces textes avaient nécessairement été abrogés par l'art. 291 du Code pénal ; 2° les anciens arrêts du parlement de Paris et les édits de Louis XV et de Louis XVI qui expulsaient les jésuites ; 3° en même temps la cour se déclarait incompétente, attendu qu'il n'appartenait qu'à la haute police du royaume de dissoudre tous établissements contraires aux lois. Cette conclusion était en désaccord singulier avec les prémisses ; car s'il est vrai que le décret de messidor an XII est encore en vigueur, il est certain que c'est à la magistrature et aux procureurs généraux et impériaux à le faire exécuter, comme cela est dit expressément dans l'art. 6.

On ne trouve dans cet arrêt aucun argument nouveau pour prouver l'illégalité des communautés religieuses non autorisées. Nous y voyons seulement une question nouvelle, à savoir si les anciennes lois qui expulsèrent les jésuites sont encore en vigueur. Nous l'examinerons dans un instant après avoir terminé l'historique de cette grande controverse.

M. de Montlosier, après l'arrêt du 18 août, porta sa dénonciation devant la chambre des pairs. Le comte de Portalis, chargé du rapport, adopta ses conclusions le 18 janvier 1827. Une discussion vive s'engagea et porta principalement sur l'existence des jésuites et sur leur immixtion dans l'enseignement. La chambre ordonna le renvoi aux ministres.

L'année suivante, à la suite d'un changement de ministère, une commission fut chargée d'examiner ces atteintes portées au privilége de l'Université, et, le 16 juin 1828, une ordonnance parut qui interdisait à tout membre d'une congrégation non légalement établie en France, de tenir un établissement d'éducation. Une déclaration écrite fut exigée à cet égard de tous les directeurs de ces établissements. C'est ainsi que huit maisons d'éducation, tenues par les jésuites, dont la principale était Saint-Acheul, furent supprimées; cinq jours après, le 21 juin, la même question fut discutée à la chambre des députés, sur des pétitions qui lui avaient été adressées, et le renvoi aux ministres fut prononcé.

En mai 1845, des interpellations nouvelles furent

adressées à la chambre des députés sur l'existence de communautés religieuses non autorisées, et spécialement sur celle des jésuites. M. Dupin y prononça un de ces discours véhéments dont il rapporte complaisamment le succès dans son Manuel de droit ecclésiastique. La chambre adopta, le 3 mai, la proposition suivante : « La «chambre, se reposant sur le gouvernement du soin de «faire exécuter les lois de l'État, passe à l'ordre du jour. »

Le 30 mai 1860, le sénat, à son tour, fut saisi de la même question sur la pétition d'un sieur Billy, qui se plaignait des libéralités excessives faites aux communautés religieuses. M. Dupin en fut le rapporteur, et, après une discussion animée, le sénat ordonna le renvoi de la pétition aux ministres des cultes et de l'intérieur.

Il nous reste à examiner la question spéciale de savoir si les jésuites sont encore sous le coup des lois de l'ancienne monarchie qui les expulsèrent, et s'ils sont en cela dans une situation légale inférieure aux autres communautés dont nous avons reconnu la légitimité.

L'ordre des jésuites fut fondé à Paris par Ignace de Loyola, en 1538. Deux ans après, le pape Paul III approuvait leurs statuts. En 1545 ils s'établissent en France et obtiennent à cet égard, en 1550, des lettres patentes du roi Henri II ; mais le parlement refuse d'enregistrer ces lettres, et les évêques et la Sorbonne font à l'ordre naissant une énergique opposition. En 1561, une assemblée tenue à Poissy les admet comme chargés de la direction des maisons d'éducation, mais non comme ordre religieux. Un arrêt du parlement du 13 février 1562 est dans le même sens. En 1564, les jésuites veulent se faire agréer à l'Université; ils rencontrent une résistance redoutable, et la lutte recommence. Un arrêt d'expulsion est rendu contre eux, le 29 décembre 1594, sur la demande de l'Université. En 1603, Henri IV les rétablit, et de 1609 à 1610 la lutte se poursuit entre eux et l'Université; puis bientôt vient le jansénisme, contre qui les jésuites combattent durant tout le XVIIe siècle; les *Lettres provinciales* de Pascal sont de 1656. En 1760, un procès commercial sans importance, entre les jésuites et une maison de banque de Marseille, fut porté devant la grande chambre du parlement de Paris. « Ce fut une « occasion pour le parlement, où l'esprit janséniste était « encore prédominant, d'examiner la Constitution de la « société et son histoire tout entière. Le public philo- « sophe se mit de la partie; on opposa aux jésuites leur « esprit d'entreprise, les contradictions de leur poli- « tique, leur flexibilité à se ployer aux circonstances, « certains passages de leurs casuistes, certains autres « de leurs théologiens. On se rappela, en un mot, tous « les faits dont on les avait accusés en divers lieux et en « divers temps, jusqu'aux fautes individuelles de quel- « ques-uns de leurs affidés, et l'on termina, le 6 août 1762, « par un arrêt qui prononça la dissolution de la société. « Le parlement, en cette circonstance, outrepassa les pou- « voirs d'une Cour de justice; il prononça sur une ques- « tion qui ne lui était pas soumise. Cependant l'arrêt fut « exécuté; on y mit même une rigueur extrême, qui mé- « contenta tout le monde. Un édit royal confirma la sen- « tence en novembre 1764, lorsque tout était déjà fini. « Quelques années plus tard, le 21 juillet 1773, Clé- « ment XIV prononça l'abolition entière de la Congréga-

« tion (1). » Un édit de Louis XVI, du 13 mai 1777, confirma cette suppression, et une déclaration interprétative, du 3 juin suivant, défendit le rétablissement de l'ordre (2).

Ces actes subsistent-ils encore? M. de Montlosier, dans son Mémoire à consulter, l'affirme, et l'arrêt de la Cour de Paris, du 16 juillet 1826, le déclare. Cela nous paraît inadmissible. Les lois de la Révolution abolirent toutes les associations religieuses, et, sous l'empire de cette loi radicale, tous les actes législatifs antérieurs dirigés contre les jésuites durent disparaître. Est-ce que, par exemple, on aurait pu dire aux anciens jésuites, comme le fait très-justement remarquer M. de Vatimesnil : « Indépendamment de la loi du 18 août 1792, qui s'ap- « plique à vous comme aux Bénédictins, aux Domini- « cains, aux Capucins et autres religieux, vous êtes, en « outre, soumis aux arrêts de 1762 et de 1767, et aux « édits de 1764 et de 1777. Si donc vous vous avisiez « d'écrire une lettre à un de vos ci-devant confrères, « vous vous exposeriez à être poursuivis extraordinaire- « ment (arrêt du 9 mai 1767). » Il est évident qu'une telle prétention n'eût pas été soutenable.

Si ces édits ne sont pas applicables, invoquera-t-on,

---

(1) Buchez, *Histoire de l'Assemblée constituante*, t. I, p. 155. « Le prétexte « de la punition, dit Voltaire, était le danger prétendu des mauvais livres que « personne ne lit; la cause était le crédit dont l'ordre avait longtemps abusé. » — « C'est la philosophie, ajoute d'Alembert, qui, par la bouche des magistrats, a « porté l'arrêt; le jansénisme n'en a été que le rapporteur. »

(2) Les jésuites continuèrent néanmoins à exister sous d'autres noms dans quelques pays, notamment en Russie, où Catherine II leur donna asile (1779). Un bref de Pie VII, du 30 juillet 1804, les rétablit spécialement pour la Russie et les Deux-Siciles. — Un autre de 1814 réorganisa l'ordre pour toute la terre.

pour proscrire les Jésuites, les raisons données par le Parlement de Paris en 1762? L'arrêt déclare « l'institut des Jésuites inadmissible dans tout état policé, contraire au droit naturel, attentatoire à toute autorité spirituelle et temporelle, et tendant à introduire dans l'Église et dans les États un corps politique dont l'essence consiste dans une activité continuelle pour parvenir, par toutes sortes de voies, d'abord à une indépendance absolue, et successivement à l'usurpation de toute autorité. » Ces considérants, rédigés dans un style déclamatoire et sans aucune preuve à l'appui, paraîtraient étranges aujourd'hui, s'ils servaient à motiver une décision juridique. M. Dupin, dans son discours du 2 mai 1845, les reproduit à satiété, mais il ne les justifie pas davantage. Il parle bien du vœu d'obéissance absolue que font les Jésuites : il n'y a pas là un motif suffisant pour les mettre hors la loi. Il leur reproche leurs menées politiques : le jour où elles seront prouvées, il sera facile au gouvernement de les réprimer, car les lois, sur ce point, ne nous font pas défaut.

Pour nous résumer en un mot, nous dirons que notre conviction profonde est que la législation actuelle ne permet pas de dissoudre sans motif, et pour le fait même de leur existence, les communautés religieuses non autorisées. Si une semblable loi existait, elle serait mauvaise, et il faudrait la réformer. Une loi sage ne doit pas défendre l'exercice d'un droit naturel, sous le prétexte des abus que l'on peut en faire ; elle réprime, elle ne prévient pas. Le jour où l'on trouvera les communautés religieuses coupables de quelque délit, il sera temps de sévir contre elles. Hors ce cas, leur dissolution ne sera qu'une mesure politique que l'esprit de parti pourra approuver, mais que la conscience désavouera.

Du pouvoir compétent pour accorder l'autorisation aux communautés religieuses.— Sous le premier Empire, ce droit d'autoriser les établissements religieux appartenait au pouvoir exécutif, en vertu de l'art. 11 de la loi du 18 germinal an X, que nous avons rapporté plus haut (1). La loi du 2 janvier 1817, par son art. 1er, ainsi conçu: « Tout établissement ecclésiastique, *reconnu par la loi*, pourra accepter etc... » transporta implicitement cette prérogative au pouvoir législatif. C'est en ce sens qu'elle fut interprétée peu de temps après par un avis du conseil d'État du 4 mars 1817. Cette nécessité de l'intervention du pouvoir législatif fut confirmée spécialement pour les congrégations religieuses de femmes, par la loi du 24 mai 1825, sauf quelques distinctions que nous allons examiner. Voici ce texte:

Article 1. A l'avenir, aucune congrégation religieuse de femmes ne pourra être autorisée, et, une fois autorisée, ne pourra former d'établissement, que dans les formes et sous les conditions prescrites par les articles suivants.

Art. 2. Aucune congrégation religieuse de femmes ne sera autorisée qu'après que les statuts, dûment approuvés par l'évêque diocésain, auront été vérifiés et enregistrés au conseil d'Etat, en la forme requise pour les bulles

---

(1) C'est à tort qu'une ordonnance du 25 décembre 1830 considère comme illégales les autorisations données par le pouvoir exécutif, avant la loi de 1817, et, en particulier, une ordonnance royale du 25 septembre 1816, qui autorisait les missions à l'intérieur. Les préoccupations politiques du moment expliquent cette erreur.

d'institution canonique... Après la vérification et l'enregistrement, l'autorisation sera accordée *par une loi* à celles de ces congrégations qui n'existaient pas au 1er janvier 1825. A l'égard de celles de ces congrégations qui existaient antérieurement au 1er janvier 1825, l'autorisation sera accordée *par ordonnance du roi.*

Quand la loi de 1825 parut, elle trouva un grand nombre de congrégations de femmes existant sans autorisation. Elle jugea si peu cette existence de fait illégale, qu'au contraire elle crût devoir en faire un motif de faveur pour ces congrégations. Elle décida que, pour toutes celles qui existaient ainsi en fait avant le commencement de l'année, il suffirait, pour leur faire obtenir les avantages de l'autorisation, d'un acte du pouvoir exécutif. Cette disposition exceptionnelle subsiste encore, et s'il existe encore des communautés de femmes dont la création remonte avant l'année 1825, et qui n'ont jamais été autorisées, ou qui n'ont reçu qu'une de ces autorisations provisoires dont l'usage fut assez fréquent de 1817 à 1825, elles pourront être autorisées par un décret impérial. Il faut cependant y joindre cette condition, qu'elles n'aient pas cessé d'exister depuis 1825.

Toutes les autres communautés religieuses, savoir: 1° les communautés d'hommes; 2° les communautés de femmes qui n'existaient pas avant l'année 1825, ne peuvent être autorisées que par une loi.

Cette intervention du pouvoir législatif n'est nécessaire qu'autant qu'il s'agit de l'autorisation d'une communauté nouvelle. S'il s'agit seulement de la formation d'une maison religieuse nouvelle dépendant d'une communauté déjà autorisée, un acte du pouvoir exécutif suffit.

C'est ce que dit la loi de 1825 dans son art. 3: « Il ne « sera formé aucun établissement d'une congrégation « religieuse de femmes déjà autorisée, s'il n'a été préa- « lablement informé sur la convenance et les inconvé- « nients de l'établissement... L'autorisation spéciale de « former l'établissement sera accordée *par ordonnance « du roi*, laquelle sera insérée dans quinzaine au *Bulle- « tin des lois*. » Quoique cet article ne s'applique qu'aux communautés de femmes, il faut l'étendre par voie d'analogie à toutes les autres congrégations.

Il importe de distinguer avec soin dans quel cas il y a fondation d'une communauté nouvelle, ou seulement création d'une maison nouvelle se rattachant à une communauté déjà existante.

On distingue deux grandes classes de communautés religieuses : 1° les communautés à supérieur général ou à maison mère, qui se composent d'un certain nombre de couvents placés sous la dépendance d'un chef unique et d'un établissement commun; 2° les communautés à supérieur local, dans lesquelles chaque maison est indépendante et n'obéit qu'à son chef, ce qui n'empêche pas que toutes n'aient adopté le même nom, le même costume et les mêmes règles : telles sont les diverses communautés des Ursulines. 1° Si une maison nouvelle se forme, qui se rattache à une communauté à supérieur général dont elle reconnaît l'autorité, un décret du pouvoir exécutif suffit. 2° Il en est de même, ce qui peut paraître bizarre, quand la maison nouvelle adopte le nom et les statuts d'une communauté à supérieur local, quoiqu'elle doive rester parfaitement indépendante des autres établissements de cet ordre ; mais il ne suffirait pas qu'elle adoptât les mêmes statuts, si sa dénomination était différente (Avis du comité de législation du conseil d'Etat, 24 janvier-36 mars 1840). 3° Un décret impérial suffit encore pour toute formation d'une congrégation de femmes, quand elle déclare adopter les statuts d'une communauté déjà autorisée (Décret du 31 janvier 1852).

Si des sœurs viennent s'installer temporairement dans un hospice ou dans une maison d'école dont le local leur est fourni par la commune, y a-t-il création d'une maison nouvelle, exigeant un décret du pouvoir exécutif? Une instruction ministérielle du 17 juillet 1825 (art. 3 et 7), et des Avis du conseil d'Etat (1er janvier 1828, 23 juin et 21 juillet 1840), décident cette question en des sens opposés.

DES FORMALITÉS NÉCESSAIRES POUR OBTENIR L'AUTORISATION.

Les formalités à accomplir pour obtenir la formation d'une communauté nouvelle sont:

1° Une demande d'autorisation adressée au ministre des cultes (Inst. minist., 27 juillet 1825, art. 2). Elle doit renfermer les statuts de la communauté, en ce qui concerne son organisation, son administration, son but et son utilité (Décis. minist., 12 septembre 1807). Il n'est pas nécessaire qu'elle contienne le règlement intérieur et purement religieux. Il doit y être fait déclaration que la communauté sera soumise à la juridiction de l'ordinaire, c'est-à-dire de l'évêque dans le ressort duquel elle est placée. La loi a voulu éviter les abus nombreux que l'exemption de l'ordinaire avait amenés dans l'ancien droit (L. de 1825, art. 2). Il y sera fait mention des conditions du noviciat et de la prestation des vœux, afin que le décret de 1809, dont nous parlerons plus loin, ne soit pas violé (Avis cons. d'Etat, 15 décembre 1841). La loi ne permettrait pas que les statuts enlevassent aux religieux la propriété de leurs biens et le droit d'en disposer (Décis. minist., 24 août 1822). Enfin les statuts doivent être approuvés par l'évêque diocésain.

2° Le ministre des cultes transmet au conseil d'Etat les statuts, qui y sont vérifiés et enregistrés selon la forme requise pour les bulles d'institution canonique ; ce qui veut dire qu'une ordonnance constate la vérification et ordonne la transcription des statuts sur les registres du conseil d'Etat (L. 1825, art. 2). Des statuts déjà approuvés pour une autre communauté doivent néanmoins être communiqués (Avis cons. d'Etat, 19 mai 1840).

3° Le pouvoir législatif statue, et un brevet d'institution fixant le nombre des maisons, le costume et les autres règles, est délivré à la communauté (Décret du 18 février 1809, art. 4).

Si une communauté déjà autorisée veut faire quelque modification à ses statuts, elle doit de même s'adresser au conseil d'Etat. Un décret impérial suffira pour ces innovations (Décret du 31 janvier 1852).

Un évêque n'a pas le droit de modifier les statuts d'une communauté autorisée, sous peine d'appel comme d'abus (Avis cons. d'Etat, 25 avril 1824).

S'il s'agit d'obtenir l'autorisation d'adjoindre une maison nouvelle à une communauté déjà existante, les formes à suivre seront les suivantes :

1° Une demande adressée à l'évêque et au préfet, qui la communique à l'autorité supérieure, c'est-à-dire au ministre des cultes. On doit y joindre les pièces suivantes : 1° un état des personnes de l'établissement à fonder ; 2° le consentement du supérieur général de la communauté ; 3° le consentement de l'évêque ; 4° le procès-verbal de l'enquête communale qui a dû être faite ; 5° l'avis du préfet et du sous-préfet ; 6° la justification de ressources suffisantes pour les besoins de l'établissement nouveau ; 7° l'avis détaillé du conseil municipal (L. de 1825, art. 3 ; Avis cons. d'État, 24 février 1840 ; Décis. minist., 24 août 1826).

Si le conseil municipal est contraire à l'établissement nouveau, est-il permis de passer outre ? Je le crois ; car la loi de 1825 exige son avis et non pas son consentement. Le conseil d'État n'est pas de cette opinion (Avis du 31 mai 1836 ; Édit de déc. 1659).

2° Le ministre des cultes communique la demande au conseil d'État. S'il s'agit d'une communauté hospitalière ou enseignante, il en fait part au ministre de l'intérieur ou de l'instruction publique.

3° Sur l'avis du comité de législation au conseil d'État, un décret impérial, inséré dans la quinzaine au *Bulletin des lois*, autorise la fondation de l'établissement nouveau (L. 1825, art. 3).

L'autorisation ne donne pas le droit d'habiter le bâtiment d'un hospice malgré la volonté de la commission administrative, si plus tard elle s'y oppose (Av. conseil d'État, 11 avril 1837).

Les mêmes formes doivent être suivies pour la révocation de l'autorisation, qui peut être demandée par les religieux eux-mêmes, sur l'avis conforme des évêques (Déc. minist., 5 mars 1811).

CHAPITRE III.

SITUATION LÉGALE DES COMMUNAUTÉS RELIGIEUSES AUTORISÉES.

Les communautés autorisées forment des êtres moraux ou personnes juridiques, capables d'être propriétaires, d'acquérir, d'aliéner, de recevoir des donations et des legs. Nous avons vu que c'était là la condition de toutes les communautés sous l'ancien régime; mais cet effet de l'autorisation est loin de réaliser les avantages qu'il semble présenter au premier abord; car il aboutit à la suppression complète de l'indépendance des communautés religieuses. Les communautés autorisées sont, en effet, considérées comme des établissements publics soumis à cette dépendance absolue que l'on appelle la tutelle administrative. Nous allons étudier, en détail, la situation légale qui leur est faite.

Incapacités spéciales de recevoir à titre gratuit. — 1° Les communautés religieuses autorisées ne peuvent recevoir des libéralités entre-vifs ou testamentaires, si elles sont à titre universel (L. du 24 mai 1825, art. 4). M. Laisné, dans la discussion de la loi, donna de cette incapacité une raison ridicule; il dit qu'il fallait éviter aux communautés les formalités nombreuses qu'exige l'acceptation de ces libéralités et les procès regrettables qui pourraient en être la conséquence. Le véritable but de la loi est d'éviter l'accroissement trop considérable des biens de mainmorte, et cette préoccupation se justifie par ce que nous avons dit plus haut de la nature de ces biens.

2° Les communautés autorisées ne peuvent recevoir de donation quand il y a réserve d'usufruit au profit du donateur. Cette incapacité s'applique à tous les établissements publics (Ordonn. du 4 janv. 1831, art. 4). Ces libéralités ont paru trop engageantes pour le donateur, dont elles ne diminuent en rien la fortune présente. De plus, elles sont au fond de véritables legs, car elles ne prennent effet qu'à la mort du donateur. Or, quand il s'agit d'un legs, la communauté ne peut l'accepter que sur l'autorisation du gouvernement, qui peut prendre en considération la fortune du testateur et de ses héritiers. Cette investigation ne serait pas possible du vivant du donateur. L'art. 1422 du Code Napoléon interdit de même au mari de donner les effets mobiliers de la communauté s'il s'en réserve l'usufruit.

3° Une communauté autorisée ne peut recevoir d'un de ses membres une donation ou un legs qui excède le quart de ses biens, à moins que la libéralité ne dépasse la somme de 10,000 fr. (L. du 24 mai 1825, art. 5). Ainsi l'on peut toujours donner à la communauté dont on fait partie une somme de 10,000 fr. ou au-dessous. Au-dessus de cette somme, la libéralité n'est possible que si elle n'excède pas le quart des biens du donateur (1).

Quand la libéralité qui dépasse ces limites est adressée, non pas à la communauté elle-même, mais à un autre de ses membres, la loi pose la présomption que le bénéfi-

(1) Un étranger peut faire à la communauté une libéralité d'une valeur aussi considérable qu'il lui plaît, pourvu qu'elle ne soit pas à titre universel. Mais le gouvernement peut toujours refuser d'en autoriser l'acceptation.

ciaire est une personne interposée chargée de restituer à la communauté elle-même, et elle annule aussi cette disposition (même art.). On peut trouver des exemples de présomptions semblables dans les art. 911 et 1100 du C. Napol., et on sait qu'aucune preuve contraire n'est admise contre elles.

Cependant, cette présomption cesse d'être applicable quand le membre de la communauté choisi pour donataire ou légataire est héritier en ligne directe, c'est-à-dire descendant ou ascendant au degré successible de celui qui a fait la libéralité. Ces liens de parenté excluent toute idée de fidéicommis illicite. La libéralité, d'ailleurs, ne pourra porter que sur la quotité disponible, sous peine d'être soumise à la réduction.

L'article ajoute encore que cette incapacité ne doit s'appliquer aux communautés récemment autorisées que six mois après leur autorisation. Les besoins d'une communauté naissante expliquent cette faveur. On ne peut pas non plus attribuer, dans ce cas, la libéralité à la longue influence que la vie religieuse a eue sur le donateur, ou à la captation exercée sur lui par les autres membres de la communauté. Enfin, la loi a pensé que les communautés religieuses non autorisées, ayant l'habitude d'emprunter le nom d'un religieux pour acquérir des biens, il fallait leur accorder un délai après leur autorisation, pour régulariser cette position par des rétrocessions (1).

Ces dispositions de la loi peuvent paraître sévères. Le

(1) Une instruction ministérielle du 27 juillet 1825 réduit cette faveur aux communautés qui existaient déjà de fait en 1825. L'art. 5 de la loi ne comporte pas cette restriction. *Adde* arrêt Cass., 22 décembre 1851.

maximum assigné à la libéralité faite à la communauté elle-même s'explique par le peu de sympathie que la loi a pour la propriété collective; mais lorsque la loi présume que la libéralité adressée par un membre d'une communauté à celui qui a été le compagnon de sa vie religieuse, cache nécessairement une fraude, elle va peut-être trop loin. Puisque chacun des religieux conserve, sous notre législation, la propriété de ses biens, n'est-il pas plus naturel de supposer, jusqu'à preuve contraire, que la libéralité est bien réellement destinée à celui qui en est le titulaire? L'affection du donateur a pu légitimement le préférer à des parents éloignés et peut-être inconnus; car s'il s'agissait de la famille la plus proche, la réserve et l'incapacité de disposer à titre universel la protégeraient suffisamment.

Lorsqu'un legs est fait par une religieuse à sa communauté et qu'il parait qu'il y a eu, de sa part, des dons manuels antérieurs, on doit les précompter sur le legs dans les limites assignées par la loi; mais la preuve de ces dons manuels est difficile, et c'est là le malheur de ces lois arbitraires, dont la conscience ne repousse pas la violation, de présenter toujours quelque moyen facile de les éluder (Av. du comit. de l'intér., 20 févr. 1833). Quelquefois on a demandé à la supérieure de la communauté une déclaration touchant ces dons manuels antérieurs.

Nous avons à rechercher quelle est la sanction de ces diverses incapacités. A l'égard des deux premières, il n'est pas douteux que lorsqu'une libéralité à titre universel, ou avec réserve d'usufruit, a été faite à une communauté religieuse autorisée, elle ne soit radicalement nulle. La question est plus délicate à l'égard de la troisième incapacité, qui défend à une religieuse de donner à la communauté ou à une autre religieuse plus de 10,000 fr. ou du quart de ses biens.

Il s'est d'abord élevé sur ce point une question de forme. Une religieuse peut-elle faire à la communauté ou à une de ses compagnes une libéralité à titre universel, pourvu, bien entendu, qu'elle ne dépasse pas 10,000 fr. ou le quart de ses biens? Cela ne paraît pas douteux; car dire, comme le fait l'art. 5 de la loi, qu'une religieuse peut disposer du quart de ses biens, c'est dire qu'une libéralité dans laquelle ces expressions mêmes : « Je lègue le quart de mes biens, » seront employées, devra être valable (1). Le contraire cependant a été jugé, sous le prétexte que l'art. 4 défend d'une manière absolue les libéralités à titre universel, et que l'art. 5 n'y a pas dérogé expressément (Lyon, 22 mars 1843). D'après cette interprétation puérile, une religieuse peut bien donner à sa communauté le quart de ses biens, mais il faut que la libéralité soit faite à titre particulier : « Je lègue ou je donne tel immeuble, telle somme d'argent, etc., » sans que cette quotité du quart soit indiquée.

Si une religieuse fait à la communauté ou à une autre religieuse une donation ou un legs qui excède 10,000 fr. ou le quart de ses biens, cette libéralité est-elle nulle pour

---

(1) Un arrêt d'Orléans (24 août 1844) fait la distinction suivante : « Si la libéralité à titre universel a été faite à la communauté elle-même, elle est nulle pour le tout, si elle est adressée à une des religieuses, elle est valable et seulement réductible. » Cette décision, en croyant appliquer à la lettre les art. 4 et 5 de la loi de 1825, me semble en dénaturer l'esprit. La Cour de cassation a cependant confirmé cet arrêt (2 décembre 1845). Nous préférons encore le système absolu de la Cour de Lyon.

le tout ou seulement réductible à la quotité légale? Il faut distinguer la forme sous laquelle elle a été faite.

1° La libéralité a été déguisée sous l'apparence d'un contrat à titre onéreux, ou a été faite par personne interposée; elle est nulle pour le tout, selon l'art. 911 du C. Nap. La loi a voulu frapper énergiquement la fraude qui a été tentée contre ses dispositions (1). Mais il faut que le caractère factice du contrat et le fidéicommis illicite soient établis par ceux qui attaquent l'acte lui-même. Cette preuve peut d'ailleurs être faite de toute manière, par titres, par présomptions et par témoins (art. 1348, 1353).

Je ne crois même pas qu'ils soient dispensés de cette preuve, quand la libéralité a été adressée aux père et mère d'une autre religieuse, ni qu'ils puissent invoquer dans ce cas la présomption légale d'interposition de personnes, établies par l'art. 911. En effet, ce que la loi veut éviter, c'est l'accumulation de biens trop considérables entre les mains de la communauté, cet être immatériel dont elle a elle-même autorisé l'existence. Pour atteindre ce but, elle pose une présomption, à savoir que la libéralité faite à l'un des membres de la communauté est présumée faite à la communauté elle-même. Est-il permis d'appliquer, à son tour, à cette présomption une autre présomption légale, et de dire : « La libéralité faite au père ou à la mère d'une religieuse est censée faite à la communauté elle-même? » Je ne crois pas qu'on puisse admettre ce raisonnnement.

---

(1) Poitiers, 21 juin 1839. Cet arrêt reconnaît à la personne qui attaque la libéralité le droit de n'en pas demander la nullité absolue, mais seulement la réduction à la quotité légale.

2° La libéralité a été faite dans les formes légales et sans qu'on cherche à la déguiser : elle est alors simplement réductible au maximum fixé par la loi. Ceci est le droit commun des incapacités, et il résulte par *a contrario* du texte lui-même de l'art. 911. C'est ainsi que, sans aucun doute, si un mineur qui, ayant plus de seize ans, a fait un testament où il a légué plus de la moitié de ce qu'il pourrait léguer étant majeur, ce legs ne sera pas, à sa mort, annulable pour le tout, mais seulement réductible à la quotité légale (art. 904).

La dot et le trousseau apportés par une religieuse à la communauté où elle fait profession ne sont pas considérés comme constituant une donation, et ne sont pas soumis à la réduction que comporte l'art. 5 de la loi de 1825. Il faut y voir un contrat commutatif dans lequel la communauté s'oblige, en échange de la dot et du trousseau, à pourvoir à la nourriture et à l'entretien perpétuel de la personne qui y est admise (Agen, 22 mars 1836; Lyon, 8 mai 1844).

Effets de la tutelle administrative.—Les donations faites aux communautés autorisées ne peuvent être acceptées par elles qu'avec l'autorisation du gouvernement, en vertu des art. 910 et 937, qui s'appliquent à tous les établissements publics.

Voici quelles sont les formalités à remplir à cet effet.

1° Le supérieur de la communauté adresse une demande d'acceptation au ministre des cultes. L'évêque diocesain doit approuver cette demande, qui a dû être communiquée au préfet. Un état de la situation financière de l'établissement y sera joint;

2° Si le don ne se compose que d'effets mobiliers d'une

valeur maximum de 300 fr., un arrêté préfectoral suffit pour l'autorisation ; hors ce cas, il faut un décret impérial, autrefois ordonnance royale. Cette ordonnance était délibérée dans le comité de législation, quand il ne s'était élevé aucune réclamation et quand la libéralité ne dépassait pas 50,000 francs. Dans le cas contraire, elle était rendue en conseil d'État. Il va de soi que sur ce point le gouvernement a un pouvoir discrétionnaire.

L'autorisation du gouvernement n'est pas nécessaire pour accepter la dot et le trousseau que fournissent les religieuses à leur entrée dans la communauté. Nous avons déjà dit qu'il n'y avait pas là une donation, mais bien l'équivalent de l'obligation contractée par la communauté de nourrir et d'entretenir la personne qu'elle accueille dans son sein.

Si cependant ils étaient d'une importance trop considérable, les tribunaux pourraient y voir une véritable donation, qu'ils réduiraient dans les limites de l'art. 5 de la loi de 1825 (Agen, 22 mars 1836; Lyon, 8 mai 1844). A défaut d'une somme payée comptant par la religieuse novice, une obligation souscrite par elle ou par ses parents au profit de la communauté serait valable, indépendamment de toute intervention administrative (Bordeaux, 17 mai 1832). Cette obligation devra être acquittée, même si la jeune fille, morte peu de temps après, n'a vécu que peu de temps de la vie religieuse. Le contrat, de sa nature, était aléatoire, car l'obligation de la communauté devait durer tout le temps de la vie de la religieuse, quel qu'en fût le terme (Agen, 12 juillet 1836). A défaut d'une stipulation expresse de dot, il a été jugé que la communauté avait le droit de retenir, sur l'argent dont elle pouvait être dépositaire vis-à-vis de la religieuse, une somme suffisante pour pourvoir aux frais de son entretien (Lyon, 8 mai 1844). En un mot, tout ce qui concerne le trousseau et la dot constitue pour la communauté des actes de gestion intérieure où l'autorité n'a pas à s'immiscer.

Si une donation immobilière est faite à une communauté étrangère, l'autorisation du gouvernement est nécessaire pour permettre la transformation des biens donnés en biens de mainmorte (décis. ministér. du 22 février 1816, trappistes de Bedeira, en Suisse).

2° L'autorisation du gouvernement est encore nécessaire aux communautés autorisées pour faire tous les actes à titre onéreux, acquisitions, aliénations, échanges, transactions, etc., etc. Une semblable servitude, qui ôte aux communautés jusqu'à l'apparence de la plus modeste indépendance, doit leur faire peu envier la faveur de l'autorisation (art. 4, L. 1825). On avait même proposé, dans la rédaction de cette loi, de contraindre les communautés à revendre tous les cinq ans les immeubles qu'elles auraient acquis, pour en assurer une suffisante circulation. Les formes de l'autorisation sont les mêmes que pour l'acceptation des donations, et un décret impérial précédé de la mise en jeu de tous les rouages administratifs y doit encore intervenir.

S'il s'agit d'une acquisition, la demande à fin d'autorisation doit indiquer la provenance des deniers qui y sont destinés, sans quoi on pourrait supposer qu'ils proviennent de dons manuels, et ce serait encourager ces dons que d'en faciliter ainsi la transformation en biens-fonds. Un avis du conseil d'État, du 24 avril 1810, dit qu'on doit préférer les placements mobiliers aux achats d'immeubles, à moins qu'il ne s'agisse d'assainir ou d'améliorer l'établissement déjà existant. Défense est faite à tous notaires de dresser des actes pour des communautés qui n'auraient pas reçu l'autorisation préalable, et aux agents de change d'acheter ou de vendre pour elles des rentes ou autres valeurs (Avis du conseil d'État, 24 avril 1810).

Le décret du 18 février 1809, dans son art. 15, ordonne que, tous les ans, le compte annuel des dépenses et revenus des communautés hospitalières de femmes soit adressé au ministre des cultes. Les autres communautés autorisées ne sont pas expressément soumises à ce décret, ni, par conséquent, à cette formalité. Elles ont conservé, dans leur régime intérieur, une indépendance un peu plus grande. Il y eut cependant un projet d'ordonnance générale destiné à les soumettre absolument au régime des hospices et des autres établissements publics. Ce projet fut rejeté par le conseil d'État.

Les communautés autorisées peuvent-elles ester en justice sans autorisation? Le conseil d'État ne l'admet pas, par analogie d'une ordonnance qui décida la question pour les consistoires israélites en 1834 (Avis du 21 mai 1841). Cependant, l'art. 4 de la loi de 1825 ne range pas cet acte au nombre de ceux pour lesquels l'autorisation est nécessaire, et il vaudrait peut-être mieux les en exempter, à l'exception des maisons hospitalières (décret de 1809) et de quelques autres qui y ont été assimilées (maisons de refuge mentionnées dans le décret du 26 décembre 1810).

Suppression et extinction des communautés autorisées. —Une communauté autorisée peut prendre fin : 1° par l'absence de vocations nouvelles et le défaut d'un nombre suffisant de religieux, ce qui est un cas assez rare; 2° par la révocation de l'autorisation qui l'a créée.

C'est, en effet, un principe, que l'État peut toujours reprendre les faveurs qu'il a accordées. Quant aux formes de cette révocation, elles varient selon les cas : 1° S'il s'agit d'une communauté qui n'a pu être autorisée que par une loi, et nous avons vu plus haut dans quels cas cette règle s'applique, il faudra de même un acte du pouvoir législatif pour révoquer cette autorisation (L. de 1825, art. 6); 2° si, au contraire, il s'agit seulement d'une maison spéciale dépendant d'une communauté, un acte du pouvoir exécutif a suffi pour l'autoriser et suffira aussi pour la supprimer.

La loi de 1825, dans son art. 7, s'occupe de la liquidation qui devra suivre l'extinction d'une communauté autorisée, pour une des deux causes que nous venons d'indiquer. En voici les règles : 1° Les biens acquis par donation ou legs feront retour aux donateurs et testateurs ou à leurs héritiers au degré successible. Cette disposition peut donner lieu à quelques difficultés, qui, du reste, ne se sont pas encore présentées en pratique. Il me semble que, du texte de la loi, il faut conclure que si l'extinction de la communauté a lieu après la mort du donateur ou de ceux qui ont été ses héritiers immédiats, le droit de retour n'existe pas; il n'appartiendrait pas aux héritiers des héritiers. De même, si le donateur a eu des héritiers testamentaires et non pas des héritiers du sang, ce seront ceux-ci qui exerceront le droit de retour ; ce qui résulte des mots *au degré successible*, qu'on trouve dans la loi.

2° Les biens qui ont été acquis à titre onéreux ou qui ne peuvent faire retour à ceux qui les ont donnés, sont attribués moitié aux établissements ecclésiastiques, moitié aux hospices du département où était située la communauté éteinte. Ils devront d'ailleurs supporter les charges et obligations qui y étaient afférentes.

Cependant, si la communauté est dissoute par révocation d'autorisation, les religieux auront droit à une pension alimentaire qui sera prélevée : 1° sur les biens acquis à titre onéreux ; 2° à leur défaut, sur les biens donnés.

S'il s'agit de la suppression d'une maison accessoire dépendant d'une maison mère, celle-ci recueillera tous les biens acquis à titre onéreux. Il en sera de même des biens donnés, à moins que les donateurs ne les aient spécialement destinés à la maison éteinte, auquel cas ils leur feraient retour (Avis du conseil d'État, 27 octobre 1830).

Régime intérieur. — Les communautés de femmes, les seules qui jusqu'ici aient été autorisées, ont à leur tête une supérieure chargée de tout ce qui concerne l'administration intérieure de la maison. C'est elle qui place et déplace les religieuses et fait observer les règlements et statuts de la maison ; elle n'aurait pas le pouvoir de les modifier, du moins dans les parties essentielles, qui ont dû être soumises au conseil d'État. Ainsi, la supérieure d'une communauté destinée à l'enseignement gratuit ne peut ouvrir une pension payante. La loi de 1825 ne permet pas qu'un ecclésiastique puisse être supérieur d'une communauté de femmes. Il ne peut jouer à son égard que le rôle de délégué de l'évêque diocésain (décision minist., 29 novembre 1827).

Régime spirituel. — La communauté est nécessairement soumise à l'autorité de l'évêque diocésain. L'exemption de l'ordinaire, qui, dans l'ancien droit, permettait à certaines communautés de ne dépendre que de la cour de Rome, avait produit des abus trop graves pour que la loi pût encore admettre cette licence. L'évêque a donc le droit de visiter l'établissement quand il lui plaît. On doit lui rendre compte des peines de discipline qui ont été prononcées contre un des membres (décret du 18 février 1809, art. 17 et 18).

Noviciats et vœux. — Les congrégations autorisées peuvent avoir des maisons de noviciat conformément à leurs statuts.

Il leur est défendu de faire prononcer aux novices des vœux avant l'âge de seize ans accomplis. De seize ans à vingt et un ans, l'émission des vœux est permise aux religieuses, mais pour un an seulement, et elles ne pourront les prononcer si elles ne justifient du consentement de leurs parents, nécessaire pour contracter mariage, conformément aux art. 148, 149, 150, 159 et 160 du Code Napoléon. Depuis l'âge de vingt et un ans, les vœux peuvent être prononcés pour cinq ans, en présence de l'évêque ou de son délégué, et de l'officier civil, qui en dresse un acte double, l'un pour la communauté et l'autre pour la mairie (décret du 18 février 1809, art. 6, 7 et 8).

Ces dispositions ne signifient pas que, dans la limite fixée par la loi, le vœu constitue une obligation civile pour la religieuse qui l'a prêté, et qu'elle peut être contrainte à l'observer, comme cela avait lieu dans l'ancien droit (1). C'est un privilége dans notre droit qu'on ne peut aliéner sa liberté, et c'est en ce sens que le décret de 1809 a plusieurs fois été interprété (rapport de Portalis à la Chambre des Pairs, 20 mars 1823; lettre du ministre de la justice au procureur général de Douai, 14 mai 1838). Les vœux n'ont de sanction que dans la conscience de celui qui les prête. La communauté a le droit de frapper de peines disciplinaires celui de ses membres qui les viole; mais son droit ne va pas jusqu'à le retenir malgré lui dans la maison : il y aurait là une séquestration illégale, punie par les art. 119 et 341 du Code pénal. A l'inverse, la communauté ne peut être contrainte de conserver dans son sein un membre dont la conduite est un scandale, et elle peut l'exclure sur l'avis de l'évêque, sans qu'il puisse prétendre aucun droit sur les bénéfices et économies de la maison (décis. minist., 24 août 1811).

Cette absence de sanction civile pour les vœux est un progrès de notre législation sur l'ancien droit. C'est un pas de plus fait dans la séparation du pouvoir temporel et du pouvoir spirituel, qui, selon nous, doit être complète. On ne peut guère d'ailleurs imaginer de plus pitoyables religieux que ceux que la contrainte seule retient dans l'accomplissement de leurs vœux; mais alors on se demande pourquoi la loi a pris le soin de régler et

---

(1) Dans l'ancien droit, déjà les vœux simples, les seuls qui soient permis aujourd'hui, n'étaient pas obligatoires civilement. On trouve aujourd'hui le même caractère à l'engagement de dix ans qu'on peut contracter dans l'Université.

de limiter des vœux qu'elle ne reconnaît pas comme obligatoires. Elle a voulu sans doute que, même dans le domaine des consciences, l'engagement ne fût pas irréfléchi, ni d'une longeur exagérée.

Droit de disposer des biens. — Chaque membre d'une communauté autorisée conserve aujourd'hui la propriété de ses biens, et le droit de les administrer, d'en percevoir les revenus et d'en disposer. La communauté n'acquiert que ce que le religieux lui a apporté en dot, ou ce qu'il lui a plu de lui donner dans les limites de la loi. Il y a là une différence grave avec les règles de l'ancien droit. Les religieux y étaient incapables de posséder aucun bien en propre ; ils étaient frappés de mort civile ; leur personnalité était absorbée dans celle de la communauté, et tout ce qu'ils pouvaient acquérir, de quelque manière que ce fût, était acquis à la communauté. A leur entrée dans la maison, tous leurs biens, sauf ce qu'ils apportaient à la communauté, étaient attribués à leurs héritiers du sang, comme si leur succession se fût ouverte. Il n'y a plus rien de tel aujourd'hui, et l'on trouve réunis dans les communautés autorisées deux patrimoines distincts, celui de la communauté et celui de chacun de ses membres (Décret de 1809, art. 9).

Situation légale particulière à quelques communautés religieuses. — 1° *Des frères des Écoles chrétiennes.* Les fréres des Écoles chrétiennes, destinés à l'instruction gratuite des enfants du peuple, furent institués en 1679 par Jean-Baptiste de la Salle, chanoine de Reims. Leur but essentiellement utile leur attira les faveurs du régime imperial, qui les comprit dans l'organisation de l'Université. Le décret organique du 17 mars 1808 sur l'Université porte, article 109 : « Les frères des Écoles « chrétiennes seront brevetés et encouragés par le grand « maître, qui visera leurs statuts intérieurs, les ad- « mettra au serment, leur prescrira un habit particulier, « et fera surveiller leurs écoles. Les supérieurs de la « congrégation pourront être membres de l'Université. » Une ordonnance du 29 février 1816 permet de prendre dans leur sein des instituteurs pour les communes qui en demandent, ainsi que dans toute autre congrégation autorisée, dont les statuts auront été approuvés par l'Université (art. 36). En qualité de membres de l'Université, les frères des Écoles chrétiennes sont donc subventionnés par le gouvernement; leurs congrégations constituent des personnes juridiques, capables de posséder, de recevoir des legs et donations, etc. Le décret de 1808 équivaut pour elles à une autorisation. Une difficulté s'est cependant élevée sur ce point. Quelques-unes des communautés de frères n'ont été fondées que postérieurement au décret de 1808, et n'ont été autorisées que par des ordonnances royales : si elles l'ont été avant la loi de 1825, il n'est pas douteux qu'elles ne forment des personnes juridiques ; mais depuis cette loi, qui exige une loi pour l'autorisation des communautés religieuses, on s'est demandé si cet acte du pouvoir exécutif a suffi pour en faire des personnes morales. Le conseil d'État l'admet, en disant qu'elles ont été autorisées non à titre de communautés religieuses, mais bien d'établissements de charité publique, que le gouvernement avait le droit de créer par simple décret. M. Vuillefroy s'élève avec force contre cette interprétation.

2° Les religieuses hospitalières sont tenues de se conformer dans les hôpitaux et autres établissements de charité publique, aux ordres de l'administration qui les dirige. Cette administration est, à ce point de vue, leur supérieure directe, et elle peut, quand il lui plaît, les expulser de ces établissements. Par contre, ces religieuses ont le droit, dans leur vieillesse et leurs infirmités, d'être entretenues dans l'hospice où leur existence s'est écoulée (décret du 18 février 1809, art. 16).

3° Les communautés enseignantes sont soumises aux règlements universitaires (avis du Cons. d'État, 29 décembre 1840).

4° Les maisons de refuge sont soumises à quelques formalités spéciales de surveillance (décret 26 décembre 1810).

CHAPITRE IV.

SITUATION LÉGALE DES COMMUNAUTÉS NON AUTORISÉES.

Le plus grand nombre des communautés religieuses qui existent en France, et en particulier toutes les communautés d'hommes, ne sont pas autorisées. Nous avons vu plus haut quelles étaient la cause et l'origine de cet état de choses. Au reste, la dépendance absolue qui résulte pour les communautés de l'autorisation ne doit pas leur faire rechercher cette faveur. La situation légale des communautés non autorisées donne lieu à un certain nombre de difficultés que nous allons examiner successivement.

I. Nous avons étudié au chapitre III la question si

sérieuse de savoir si le gouvernement a le droit de dissoudre les communautés non autorisées. Nous n'y reviendrons pas ici.

II Les communautés autorisées n'ont pas le privilége d'être considérées comme des êtres juridiques ou personnes morales, et il en résulte un certain nombre de conséquences. Ainsi elles ne peuvent en cette qualité posséder ni aliéner, acquérir des biens ni recevoir des donations ou des legs.

Il s'est élevé plusieurs questions à propos des libéralités qui peuvent leur être faites. 1° Si une donation est faite à une communauté non autorisée, alors même que dans un bref délai elle a ensuite obtenu l'autorisation, la donation est nulle : c'est, en effet, au moment même où la libéralité a été faite, qu'il faut se placer pour apprécier la capacité du donataire. Il n'en serait pas de même d'un legs qui ne produit effet qu'à la mort du testateur et qui pourrait être adressé à une communauté non autorisée, pourvu qu'à l'époque du décès elle eût obtenu l'autorisation. La donation serait nulle, même si elle contenait la clause qu'elle est subordonnée à l'autorisation future de la communauté ; car dans les donations conditionnelles comme dans les donations pures et simples, la capacité du donataire est exigée lorsque le contrat intervient. Un legs serait-il valable dans les mêmes conditions ? Pas davantage, car le légataire doit avoir la capacité légale de recueillir le legs, et au moment du décès du testateur et au moment de l'avénement de la condition (arg. de l'art. 906 du Code Napoléon) (1).

(1) Nous avons vu une solution contraire en droit romain. — A l'inverse, si un legs conditionnel était fait à une communauté autorisée, dont l'autori-

Lorsqu'une libéralité est annulée comme faite à une communauté non autorisée, l'État n'a pas le droit de la réclamer pour en faire un usage analogue à celui auquel le bienfaiteur la destinait. Le donateur lui-même ou sa famille ont seuls le droit de conserver les objets donnés.

Si en fait ils ont acquitté la libéralité, ils ont droit d'en demander la restitution ; s'ils l'ont fait dans l'ignorance de l'incapacité de droit dont la communauté était frappée, ou bien s'ils ne savaient pas que la libéralité, déguisée peut-être sous une interposition de personnes dont ils ont fait la preuve, était destinée à la communauté, il y a lieu d'appliquer ce qu'on appelle en droit la théorie de la répétition de l'indû. Si au contraire ils savaient la nullité dont la libéralité était atteinte et qu'ils l'eussent acquittée volontairement, leur droit à la restitution ne serait pas paralysé pour cela. En effet, la communauté ne pourrait conserver ce qu'elle a reçu qu'à titre de don manuel; or, une libéralité est à son égard aussi prohibée sous cette forme que sous celle de donation ou delegs.

Il faut décider de même qu'une donation manuelle faite à une communauté non autorisée, soit par un étranger, soit par un membre de la communauté, peut être réclamée par son auteur, à moins que la prescription de trente ans n'ait éteint son droit. Ce pouvoir est grave et a souvent donné lieu à des procès d'une extrême importance. On se souvient encore de deux réclamations de ce

---

sation aurait été révoquée lors de l'avénement de la condition, elle ou ses ayants cause ne pourraient recueillir le legs.

genre dirigées contre la communauté de Picpus. 1° En 1848, les héritiers d'une demoiselle Boulnois réclamèrent à cette communauté une somme de 628,000 fr., que cette demoiselle y avait apportée. Un arrêt d'Orléans (30 mai 1857) et un arrêt de la Cour de cassation (31 décembre 1857) leur donnèrent gain de cause jusqu'à concurrence de 350,000 fr. 2° En 1856, la marquise de Guerry dirigea contre la même communauté une demande semblable, montant à la somme de 1,200,000 fr. Un jugement du tribunal de la Seine, fort énergiquement motivé, rejeta sa prétention. La Cour de Paris infirma le jugement et accorda à madame de Guerry une restitution de 475,000, payables par 50,000 fr. tous les six mois (8 mars 1858).

Les donations ainsi faites à des communautés non autorisées consistent presque toujours en dons manuels faits à des membres de la communauté, par un autre membre ou par un étranger. Aussi la jurisprudence admet-elle largement le droit de prouver l'interposition de personnes et d'établir que l'intention du donateur a été de faire la libéralité, non au donataire apparent, mais à la communauté elle-même. La preuve de cette interposition peut être faite par tous moyens (Cass., 5 août 1841, 5 juillet 1842; Agen, 12 août 1842).

Toutefois, le droit de réclamer les donations faites à une communauté non autorisée souffre certaines limites. Il ne peut d'ordinaire s'appliquer aux intérêts ou revenus produits par les choses données depuis la donation, si la libéralité émane d'un religieux. Ces revenus sont la représentation des dépenses que son entretien a occasionnées à la communauté. Si les revenus étaient trop élevés pour pouvoir être considérés tout entiers comme représentant cette dépense, ou si le donateur était un étranger qui n'eût pas vécu dans la communauté, la répétition des revenus ne serait possible qu'autant qu'il serait justifié de l'emploi qui en a été fait par la communauté et de l'avantage qui en est résulté pour elle. Le capital lui-même de la donation devrait être diminué des pertes éprouvées par la communauté depuis la donation, si du moins le donateur en était un des membres (Paris, 8 mars 1858, Deguerry et communauté de Picpus, conf. en Cass., le 4 mai 1859).

Il faut, au surplus, sur cette question de donations faites aux communautés non autorisées, exposer une théorie complète. 1° Il ne nous paraît pas douteux que l'incapacité de recevoir des libéralités à titre universel, prononcée par la loi de 1825, art. 4, contre les communautés religieuses autorisées, ne s'applique pas aux communautés non autorisées, par la bonne raison que, ne formant pas des êtres reconnus par la loi, elles ne sont capables de recevoir à aucun titre. 2° Il en est de même de la défense spéciale faite par la même loi à un membre d'une communauté autorisée, de donner à la communauté ou à un autre religieux plus de 10,000 fr. ou du quart de ses biens. Les membres des communautés non autorisées n'étant que de simples particuliers maîtres de leur fortune, et jouissant de la plénitude de leurs droits, peuvent recevoir pour leur compte spécial des libéralités de toutes sortes et dans toutes mesures. C'est ce qui a été très-nettement reconnu par un arrêt de Toulouse (23 juillet 1835).

D'autre part, les communautés religieuses non autorisées constituent de véritables sociétés civiles, où un certain nombre de personnes, vivant d'une vie commune, participent aux mêmes dépenses et ont des intérêts communs. C'est là la situation légale qu'on doit leur attribuer, comme l'ont fait plusieurs arrêts, et entre autres un arrêt de cassation du 30 décembre 1857. La loi ne leur interdit qu'une chose, le droit de constituer des êtres fictifs possédant des biens de mainmorte, qui seraient entre leurs mains immobilisés à jamais. Elle ne leur enlève nullement la faculté d'avoir des biens communs, appartenant par indivis à tous les membres de la communauté, qui tous en profitent. Cette propriété indivise, susceptible de partage et d'hérédité pour chacun des copropriétaires, n'a aucun rapport avec les biens de mainmorte, et elle ne présente nullement les mêmes dangers. A côté de cette propriété collective, il y a le patrimoine de chacun des religieux restés maîtres absolus de leurs biens, et dont les revenus représentent les frais d'entretien supportés pour chacun d'eux par la communauté. Ce patrimoine retourne, à la mort du religieux, à ses héritiers du sang, par voie de succession.

Cela étant, il me semble qu'une libéralité faite à un membre d'une communauté non autorisée par un autre membre ou par un étranger devrait être tenue pour sincère, et que la jurisprudence ne devrait y voir une interposition de personnes et la considérer comme faite à la communauté elle-même que sur la justification des preuves les plus certaines. Elle a mis quelquefois une facilité déplorable à présumer cette interposition. La loi, en maintenant à chaque religieux sa fortune privée, devrait en même temps lui en conserver les avantages. Or, pourquoi ne pas permettre à un ami de le gratifier d'une libéralité qui, vis-à-vis d'un laïque, serait irréprochable? Pourquoi l'annuler à la légère, sous le prétexte d'une interposition souvent mal justifiée? Est-ce que cette libéralité profiterait nécessairement à la communauté tout entière, cet être moral que la loi voit avec défaveur? Nullement. Du vivant du donataire peut-être, les compagnons de sa vie religieuse profiteraient des revenus de sa fortune ainsi augmentée; mais, à sa mort, ses héritiers du sang recueilleraient les avantages de la donation, ou s'il s'est choisi un héritier testamentaire, celui que son affection leur a préféré.

Peut-être même ne devrait-on pas voir une donation illicite dans celle qui serait faite nominativement à tous les membres actuellement existants d'une communauté non autorisée; car, encore une fois, le but unique de la loi me paraît être, en ne reconnaissant pas ces communautés, d'empêcher la reconstitution des biens de mainmorte, et il n'y en aurait ici nul danger. Les biens donnés appartiendraient par indivis à chacun des religieux qui pourraient en exiger le partage, en vertu de l'art. 815 du Code Napoléon; les religieux entrés dans la communauté postérieurement à la donation n'y auraient aucun droit. La mort successive de chacun des donataires attribuant sa part à ses héritiers, qui sont le plus souvent des laïques, l'on ne pourrait plus prétendre assurément que l'intention de la loi est violée.

III. La communauté non autorisée ne formant pas une personne juridique ne peut pas non plus, en cette qualité, acquérir et aliéner, faire aucun acte à titre onéreux (Grenoble, 27 mars 1857).

Ainsi, il a été jugé que la vente d'un immeuble faite à

une communauté non autorisée est nulle au même titre qu'une donation qui lui serait adressée ; que, par conséquent, le vendeur a le droit de réclamer l'immeuble, moyennant restitution du prix (Cass., 15 décembre 1856).

Si cependant la vente était faite nominativement à tous les membres de la communauté, je crois qu'il faudrait y voir la constitution de cette propriété par indivis, que la loi ne prohibe pas, et qu'il faudrait maintenir l'acte.

Le contrat d'entrée en religion passé par la communauté avec une religieuse, pour la constitution de sa dot et les conditions pécuniaires de son séjour dans la maison, a de même été déclaré illicite. Ceci veut dire : si une obligation est souscrite par la religieuse, l'exécution n'en pourra être poursuivie dans l'avenir ; mais en fait, si la communauté a, durant un certain temps, pourvu à l'entretien de la religieuse, elle aura le droit de retenir sur ses biens les dépenses ainsi faites. Si elle n'a rien entre les mains sur quoi elle puisse faire cette retenue, elle pourra en exiger le payement par une action principale. En effet, la nourriture et l'entretien de la religieuse l'a rendue débitrice envers la communauté. Elle ne pourrait être dispensée d'acquitter cette obligation qu'en vertu d'une remise que lui en ferait la communauté : or, celle-ci ne songe nullement à lui faire cette libéralité. Aussi, il a été jugé que, quand la dot consiste dans l'abandon de revenus modérés d'un capital mobilier ou immobilier, le contrat d'entrée en société est inattaquable (Cass., 9 novembre 1859).

IV. La communauté religieuse non autorisée ne peut ester en justice, en demandant ni en défendant (Aix, 27 janv. 1835); mais il faut tempérer ce principe par cette idée, qu'elle constitue une société de fait responsable vis-à-vis des tiers des engagements par elle pris, que ces engagements résultent soit de contrats ou de quasi-contrats, soit de délits ou de quasi-délits (Cass., 20 déc. 1857). Aussi, la demande en restitution d'une donation faite à une communauté non autorisée pourra être dirigée contre les membres de cette communauté, et en particulier contre les supérieurs, économes et toutes autres personnes qui, en fait, ont la gestion des affaires de l'établissement.

V. La position équivoque qu'une jurisprudence souvent contradictoire a créée pour les communautés non autorisées les a obligées à recourir, dans la gestion de leurs affaires, à des expédients dont nous devons étudier les effets. Presque toujours les biens qui leur appartiennent sont attribués, dans les actes qui les concernent, à un propriétaire apparent qui joue le rôle de prête-nom. Cette personne est d'ordinaire un des membres de la communauté. Quelquefois c'est un étranger, et principalement un ecclésiastique chargé de la direction spirituelle de la maison. Il va de soi que ce propriétaire apparent ne peut prétendre conserver pour lui les biens qui ont été confiés à sa bonne foi. La loi, si incomplète qu'elle soit, ne saurait valider une telle injustice. Une prétention semblable de la part de ses héritiers sera également écartée, quand la communauté aura établi quel est le véritable propriétaire.

Mais à qui attribuera-t-on les biens dont le proprietaire simulé a été ainsi écarté? On ne peut les considérer comme biens de mainmorte, destinés à rester dans l'avenir le patrimoine de la communauté. La loi proscrit expressément cette situation. Il faut, je crois, leur appliquer les principes suivants. S'ils proviennent de libéralités, le donateur, qu'il soit membre de la communauté ou étranger, peut les réclamer comme donation illicite, à moins qu'un délai de trente ans n'ait éteint son droit. Si cette réclamation n'est pas possible, il faut les considérer comme appartenant par indivis à tous les membres actuels de la communauté, qui pourront en exiger le partage.

Nous avons vu que la loi de 1825, art. 4, *in fine*, permet de régulariser cette position, quand la communauté vient plus tard à être autorisée. Dans les six mois qui suivent cette autorisation, les biens ainsi possédés par des personnes interposées pourront être ouvertement rétrocédés à la communauté, et deviendront biens de mainmorte. Il a été même jugé que cette disposition de la loi validait, par un effet rétroactif très-remarquable, les libéralités qui, par personnes interposées, avaient été faites à la communauté avant son autorisation (Caen, 7 juin 1837 ; — Cass., 5 juill. 1841). Mais ces rétrocessions ne seraient plus possibles après ce délai de six mois, sans l'autorisation du gouvernement, exigée pour tous les actes faits par les communautés autorisées.

VI. Examinons encore quelques questions moins importantes sur la situation légale des membres des communautés non autorisées.

1° Le religieux appartenant à un ordre non autorisé peut-il exercer les fonctions du culte, telles que la prédication ? M. Vuillefroy lui refuse cette faculté, et il prétend qu'il existe, à cet égard, une sorte de privilége au profit des prêtres que l'État rétribue. La pratique constante des ordres religieux rejette cette doctrine.

2° Peut-il porter l'habit de son ordre? La loi du 18 août 1792, dont nous avons déjà parlé, le lui défendait expressément. M. Vuillefroy la croit encore en vigueur. Il attribue, à tort, la même portée à la loi du 14 octobre 1790, qui voulait seulement dispenser les moines de l'obligation où ils étaient auparavant de porter cet habit. Nous pensons que la prohibition ridicule de la loi de 1792 a disparu avec elle (Aix, 29 juin 1830).

En résumé, nous pensons que, dans l'état actuel de notre législation, la jurisprudence devrait appliquer aux communautés non autorisées les règles suivantes :

1° Reconnaître la légitimité de leur existence, en vertu du texte exprès de l'art. 291 du Code pénal, *in fine*, et refuser au pouvoir exécutif le droit de les dissoudre.

2° Conserver à chaque religieux, comme la loi l'exige, la pleine et entière capacité du droit commun, pour tout ce qui concerne sa fortune privée. Il en résultera, pour tous les membres d'une communauté, la faculté d'avoir des biens communs par indivis, soumis en cette qualité à toutes les règles du droit civil qui s'appliquent à la propriété indivise (art. 815 du Code Napoléon). La loi, en effet, ne prohibe qu'une chose, la reconnaissance des communautés non autorisées comme personnes juridiques, et le droit pour elles de posséder des biens de mainmorte. Ce principe de la légitimité d'une propriété indivise à l'égard des communautés sera fécond en conséquences. La jurisprudence cessera d'annuler arbitrairement tous les actes, même à titre onéreux, faits avec un membre quelconque de la communauté, sous prétexte qu'ils cachent une fraude, et que c'est la communauté elle-même qui a contracté sous l'apparence d'un de ses membres. Elle ne se croira plus obligée de prononcer des arrêts dont les conséquences sont d'une iniquité révoltante. J'en prends un exemple. Une personne vend un immeuble à un religieux et en touche le prix. Vingt ans après, au mépris de la foi donnée, cette personne trouve commode de réclamer cet immeuble, et la jurisprudence n'hésite pas à annuler la vente, sous prétexte qu'elle a réellement été consentie au profit de la communauté non autorisée, qui est incapable de contracter. Je dis que de semblables décisions restreignent arbitrairement la pleine capacité que la loi a voulu conserver à chacun des religieux, pour l'administration de sa fortune. Ce sont elles qui ont créé aux communautés non autorisées cette position équivoque et embarrassée dont elles ne peuvent sortir que par des subterfuges. Elles ont dénaturé notre législation, qui, sagement interprétée, ne nous paraît pas comporter de semblables injustices.

POSITIONS.

DROIT ROMAIN.

I. A quelles personnes faut-il appliquer l'expréssion *solitarius pater*, qu'on trouvé dans la rubrique du titre XIII des *Règles* d'Ulpien ?

II. Quel est le sens de ce texte d'Ulpien : *Regula Catoniana ad novas leges non pertinet* (L. 5, *De reg. Caton.*)?

III. Quel était l'âge à partir duquel les lois Julia et Papia punissaient le célibat et l'*orbitas?*

IV. Le fils de famille célibataire ou *orbus* échappait-il aux incapacités des lois caducaires ? — Non.

V. Les époux sont-ils compris au nombre des alliés qui ont la *solidi capacitas* des lois caducaires? — Non.

VI. Le *jus antiquum* donne-t-il droit aux parts caduques, comme à celles dont la défaillance tient aux anciennes règles du droit civil ? — Oui.

VII. Les règles de la caducité s'appliquent-elles aux dispositions dont la défaillance tient à une cause postérieure à l'*apertura tabularum?* — Oui.

VIII. Quels sont les *coheredes conjuncti* qui, sous l'empire des lois caducaires, avaient droit aux parts cadnques? — Les *conjuncti re et verbis* et les *conjuncti re*, mais non pas les *conjuncti verbis*.

IX. La loi 89, *De legatis*; 3°, au Digeste, se réfère à la *caducorum vindicatio*, et non pas au droit d'accroissement.

X. La constitution d'Honorius, au Code (L. 1, *De jur. lib.*), n'eut pas pour effet de supprimer la *caducorum vindicatio*, mais seulement d'établir la *solidi capacitas* entre époux.

XI. Étude des dispositions de la constitution de Justinien, *De caducis tollendis*.

HISTOIRE DU DROIT.

I. Origine des fiefs.

II. Origine de la censive.

DROIT DES GENS.

I. Distinction des droits civiques et des droits politiques.

II. Les personnes chargées d'une mission politique doivent-elles être assimilées aux militaires, et peuvent-elles, en cette qualité, être saisies à bord d'un navire neutre?

DROIT FRANÇAIS.

I. Les communautés religieuses non autorisées peuvent-elles être dissoutes par le pouvoir exécutif? — Non.

II. Une libéralité à titre universel peut-elle être faite par une religieuse à la communauté autorisée dont elle est membre, si cette libéralité ne dépasse pas le quart de ses biens? — Oui.

III. Peut-on appliquer à la libéralité faite au père ou à la mère d'un des membres d'une communauté autorisée la présomption de l'art. 911 du Code Napoléon? — Non.

IV. La dot et le trousseau apportés à une communauté autorisée par la religieuse qui y fait profession constituent-ils une donation? — Non.

V. Les communautés autorisées peuvent-elles ester en justice, sans l'autorisation du gouvernement? — Oui.

VI. La limite assignée par la loi de 1825 aux libéralités faites à une communauté autorisée ou à un de ses membres par un autre membre s'applique-t-elle aux religieux des communautés non autorisées? — Non.

VII. Les membres d'une communauté non autorisée peuvent-ils porter l'habit de leur ordre? — Oui.

VIII. Peuvent-ils prendre part aux fonctions du culte? — Oui.

DROIT PÉNAL.

I. L'indignité du mari, prévue par l'art. 339 du Code pénal, fait-elle obstacle à ce que le ministère public poursuive une accusation d'adultère intentée contre la femme? — Non.

II. Lorsqu'à la question ainsi posée par le président

des assises : « L'accusé est-il coupable du meurtre commis, tel jour, sur la personne d'un tel, » le jury a répondu : « Non ; » l'accusé peut-il être poursuivi de nouveau, devant le tribunal correctionnel, comme coupable d'homicide par imprudence ? — Oui.

DROIT ADMINISTRATIF.

I. Une œuvre d'art peut-elle être saisie et vendue à la requête des créanciers de l'artiste, comme tout autre bien mobilier ? — Non.

II. Quand une œuvre littéraire a été faite par plusieurs collaborateurs, le privilége dure, pour chacun d'eux, jusqu'à la mort du dernier survivant. Cette mort est le point de départ de la période attribuée au droit des héritiers.

Vu par le Président de la Thèse,
BUGNET.

Vu par le Doyen de la Faculté,
C.-A. PELLAT.

Permis d'imprimer :

L'Inspecteur de l'Académie,
VIEILLE.

TABLE DES MATIÈRES.

ÉTUDE DES LOIS JULIA ET PAPIA POPPÆA

EN DROIT ROMAIN.

SITUATION LÉGALE DES COMMUNAUTÉS RELIGIEUSES

EN DROIT FRANÇAIS.

LOIS

www.ingramcontent.com/pod-product-compliance
Ingram Content Group UK Ltd.
Pitfield, Milton Keynes, MK11 3LW, UK
UKHW020954230726
13923UKWH00007B/308

9 782019 627256